À quoi servent les cadres ?

L'Observatoire des cadres

Préface de Thierry Pech
Postface de François Chérèque

À quoi servent les cadres ?

sous la direction de

Jean-Marie Bergère et Yves Chassard

Odile Jacob

Ce livre est le fruit d'un travail collectif conduit au sein de l'Observatoire des cadres (OdC) par Jean-Marie Bergère, Yves Chassard, Bernard Jarry-Lacombe (responsable de l'OdC), Bernard Masingue (président de l'OdC), Frédérique Nortier et Ferrucio Ricciardi.

© ODILE JACOB, FÉVRIER 2013
15, RUE SOUFFLOT, 75005 PARIS

www.odilejacob.fr

ISBN : 978-2-7381-2903-1

Préface

Le livre que vous tenez entre vos mains est à la fois un livre sur les cadres – comme son titre l'indique – et un livre sur les transformations du capitalisme contemporain – comme son titre ne l'indique pas. Si vous faites partie des cadres, il est donc pour vous : vous y comprendrez les ressorts de votre situation sociale, vous y reconnaîtrez vos doutes, vos interrogations, vos inquiétudes, et vous réaliserez que vous les partagez avec nombre de vos homologues. Mais si vous n'en faites pas partie, il est aussi pour vous : vous y comprendrez les mécanismes de commandement et d'organisation d'un capitalisme qui a orchestré une mutation radicale de l'entreprise depuis une quarantaine d'années et modifié substantiellement la place, le contenu et la valeur du travail. Cette mutation repose fondamentalement sur l'éviction progressive des logiques de coopération et d'efficacité au profit des logiques de compétition et de rentabilité. Du temps du compromis industriel fordiste, l'entreprise était certes déjà tournée vers la compétition économique avec ses concurrentes, mais son efficacité était, du moins le croyait-on, fonction de sa capacité à organiser des relations de coopération dans ses propres rangs. Aujourd'hui, la rentabilité primant souvent l'efficacité et se réalisant parfois à son détriment, la compétition s'est introduite à l'intérieur même de l'entreprise. Et c'est ce dont les cadres sont désormais les premiers témoins pour l'ensemble du salariat.

Si ce livre peut être lu en suivant ces deux fils conducteurs, c'est parce qu'il renoue avec un fait simple et trop souvent négligé aujourd'hui : l'activité syndicale, avant même de se manifester par la revendication, la négociation et le rapport de forces, est – ou devrait être – un exercice de connaissance et de reconnaissance. D'où le lien étroit qui a toujours uni depuis le XIXe siècle le mouvement ouvrier, d'une part, et les sciences économiques et sociales, de l'autre. L'enquête présente procède pleinement de cette ambition. Non seulement parce qu'elle émane d'une institution sociale – l'Observatoire des cadres –, elle-même liée au monde syndical, mais plus profondément parce qu'elle tente de répondre à deux questions en même temps : qui sont les cadres aujourd'hui ? Et quelles sont les origines structurelles de leur « malaise » ? Autrement dit, comment inscrire leur condition contemporaine dans une compréhension plus large des mutations du capitalisme ?

Cette enquête ne se contente donc pas de pointer ou de relayer des frustrations, ni même de poser la catégorie des cadres comme un fait social figé dans la nomenclature statistique de l'Insee à côté d'autres catégories socioprofessionnelles elles-mêmes supposées stables. Si le travail de collection des symptômes et des expressions de ce malaise fait bien évidemment partie de son programme, il ne débouche pas ici sur une déploration complaisante ou sur un de ces exercices de psychologie compassionnelle dont raffolent les médias. Cette attitude, illustrée par un certain nombre de publications récentes, serait d'ailleurs largement mal venue. Car, à première vue, les cadres ne sont pas particulièrement à plaindre. Ils restent dans leur ensemble nettement moins exposés au risque de chômage que les autres salariés, notamment du fait qu'ils disposent d'un bagage de formation plus important que la moyenne de leurs contemporains. Ils sont aussi sensiblement mieux rémunérés que la moyenne de leurs collègues ouvriers, employés ou professions intermédiaires. Enfin, leurs conditions de vie sont souvent bien meilleures que celles des autres travailleurs, qu'on les mesure en termes de logement, d'accès aux soins, d'alimentation, de loisirs culturels, etc. Et pourtant, malgré tout cela, ils se vivent de plus en plus comme des *salariés à part entière*. Comment s'expliquer ce paradoxe ? C'est l'une des énigmes que l'enquête s'efforce de résoudre.

Pour le comprendre, il faut aller au-delà de ces premières impressions et traverser le verre dépoli des tableaux statistiques pour explorer le monde réel des organisations productives et de leur management. Certes, si ces « salariés à part » sont devenus en quelques décennies des « salariés à part entière », c'est d'abord parce que leur nombre a littéralement explosé : aucune autre catégorie socioprofessionnelle n'a connu un tel essor démographique depuis l'après-guerre. Il y a quarante ou cinquante ans, les cadres ne formaient encore qu'une minuscule élite sociale aux marges du salariat. Témoin de cette situation de quasi-extraterritorialité à l'égard du reste du monde du travail, ils se syndiquaient rarement et le plus souvent dans des structures catégorielles spécifiques.

Cette situation a bien changé aujourd'hui et sa transformation emporte avec elle de puissants facteurs de distinction. À la fin des années 1970, les cadres ne trouvaient à se comparer qu'avec quelques homologues dans leur entreprise ; désormais, le terrain des comparaisons s'est très largement ouvert, tout comme l'échelle de leurs rémunérations (il y a désormais bien loin des cadres qui composent la fraction la mieux lotie des classes moyennes aux « cadres dirigeants » survitaminés aux stock-options qui participent de l'élite…). Bref, ils étaient perçus, dans l'ensemble, comme les lieutenants du patronat dans l'entreprise, les coproducteurs de l'ordre managérial ; ils se vivent aujourd'hui, pour l'immense majorité d'entre eux, comme des rouages parmi d'autres de la grande machine productive.

Mais, s'il explique en partie les changements de la perception qu'ont les cadres d'eux-mêmes et de leur situation dans la société, le facteur démographique ne fait que repousser un peu plus loin la question de fond. Pourquoi ce groupe a-t-il connu une telle explosion quantitative ? Que s'est-il passé dans les organisations productives elles-mêmes, qui explique cette progressive banalisation des cadres ?

Une partie de la réponse tient au mouvement de renforcement et de complexification de la division du travail. C'est un processus qui vient de loin et qui s'est accéléré tout au long des trente dernières années, notamment dans les grandes entreprises. Des organisations composées d'entités plus nombreuses rassemblées au sein de groupes parfois multinationaux et exposées à d'importants changements organisationnels liés notamment aux progrès des technologies et aux changements de la structure des emplois nécessitent une coordination de plus en plus sophistiquée de la division du travail. Cette coordination requiert de fait davantage d'agents pour encadrer les autres salariés de l'entreprise et assurer la cohérence de son fonctionnement général et la mise en œuvre des politiques décidées par ses dirigeants. Mais il faut ajouter à ce processus ancien un autre facteur si l'on veut saisir pleinement la situation actuelle des cadres. Car, dans le même temps où elles impliquaient la mise en responsabilité d'un nombre croissant de salariés d'encadrement, les organisations les ont progressivement privés au quotidien d'une bonne part de leur autonomie et de leurs prérogatives, au risque d'ouvrir une contradiction de plus en plus frappante dans la gestion de ces personnels réputés « stratégiques ». Et c'est sur ce point que l'enquête de l'Observatoire des cadres est la plus riche et la plus précieuse.

Pour comprendre cet étrange mélange de responsabilité formelle et d'impuissance pratique qui caractérise aujourd'hui la situation de nombreux cadres, il faut s'intéresser aux structures managériales des entreprises. Ou, pour utiliser des mots devenus tabous dans le discours managérial dominant, à l'organisation du *pouvoir* dans l'entreprise et aux techniques de *commandement* qui y prévalent. À cet égard, la grande entreprise contemporaine est devenue un monde de défiance. Celle-ci est bien sûr liée à la fragilisation constante des relations d'emploi, mais aussi au développement obsessionnel des techniques de contrôle de l'activité et des agents. La passion des indicateurs de performance en est l'un des signes les plus commentés : la direction veut pouvoir tout mesurer à tout moment. Elle impose pour cela à ses cadres un *reporting* de tous les instants. Elle est servie de ce point de vue par les technologies de l'information et de la communication qui permettent, du moins en apparence, de démultiplier les capacités de contrôle social au moyen de logiciels destinés à faire remonter l'information en temps réel et à baliser, normer et standardiser les processus de décision. Grâce à ces technologies anonymes, le pouvoir dans l'entreprise a progressivement inventé le moyen de se faire obéir sans se faire voir. Préméditées ou non, ces stratégies écrasent chaque jour davantage les marges de manœuvre et l'autonomie des cadres.

C'est la raison pour laquelle les mots et les choses semblent avoir divorcé dans ces organisations. Dans le discours, les entreprises font volontiers l'apologie du travail en équipe et de l'esprit d'initiative, mais ces valeurs ont en réalité largement disparu de leurs pratiques. Car, dans le même temps, elles réclament toujours plus de contrôle, individualisent les rémunérations et semblent faire tout ce qui est en leur pouvoir pour affaiblir les formes les plus habituelles de la coopération au travail.

D'où vient ce soudain mépris pour les exigences élémentaires d'une saine coopération entre les membres de l'entreprise ? On peut faire l'hypothèse qu'il a à voir avec la défaite d'un « capitalisme managérial », où les dirigeants d'entreprise étaient censés tenir le haut bout face à des actionnariats dispersés, au profit d'un « capitalisme patrimonial », où ce sont au contraire les actionnaires qui ont repris la main sur les dirigeants en cherchant à attirer ces derniers dans leurs propres calculs d'intérêt. Désormais, la rentabilité de court terme de l'entreprise l'emporte sur l'efficacité de son organisation interne à plus long terme. Ce piège de la *corporate governance* s'est refermé non seulement sur les effectifs des différents services des entreprises, mais aussi sur ceux qui étaient censés en assurer la cohérence.

Les cadres ont été, ces dernières années, aux postes d'observation les plus avancés de ce processus. C'est pourquoi ils ne sont pas seulement des acteurs subissant les évolutions en cours, mais aussi les meilleurs témoins de ces mutations pour l'ensemble de leurs contemporains. Et c'est aussi la raison pour laquelle leur apport au mouvement syndical est devenu stratégique. Par l'acuité de ses analyses et de ses propositions, ce livre témoigne, s'il en était besoin, de l'importance de cet apport.

Thierry PECH

Introduction

Ce livre est issu d'une réflexion collective menée à l'occasion du quinzième anniversaire de l'Observatoire des cadres. Deux traits saillants en sont ressortis. D'abord le fait que *les cadres sont certes des salariés à part entière, mais aussi des salariés pas tout à fait comme les autres*. Les cadres sont, davantage que les autres salariés, comptables du résultat de leur travail, alors même qu'ils n'ont le plus souvent guère le moyen d'influencer l'organisation dans laquelle ils évoluent. Cette position devient de plus en plus inconfortable et difficile à vivre. Car – c'est le second point – *les conditions d'exercice de la fonction de cadre se sont détériorées*. Les cadres sont censés être autonomes, mais leur autonomie et leur capacité d'initiative sont sans cesse limitées par les progiciels de gestion intégrée, les *process* et autres *scripts* en tous genres. La crise qui sévit depuis 2008 a exacerbé les contradictions dans lesquelles ils sont plongés et généré une contestation de fond du management contemporain, de ses modes et de ses outils.

La combinaison de ces deux constats fournit la trame du présent livre. L'approche retenue, loin d'être centrée sur la défense de leur statut, repose sur la conviction que *les cadres sont un miroir grossissant des problèmes du travail et du management dans les entreprises et les administrations*. Réfléchir au travail des cadres aujourd'hui conduit à porter un regard critique sur les modes de management et invite à en contester la logique, de façon à pouvoir esquisser des pistes d'amélioration.

Pour s'interroger sur le rôle des cadres aujourd'hui, il est utile de prendre un peu de recul historique et de procéder à quelques comparaisons avec les autres pays, puis de regarder dans le détail comment les conditions de leur activité, dans les entreprises comme dans les administrations, ont évolué au cours des deux dernières décennies. Le groupe social des cadres s'est formé pendant l'entre-deux-guerres autour de la figure des ingénieurs, puis a acquis et consolidé un statut particulier pendant les Trente Glorieuses. Ce groupe a continué de voir ses effectifs s'accroître dans la société postfordienne, tout en voyant son identité se brouiller.

Le cadre des Trente Glorieuses est mort au cours des années 1970, lorsque la montée du chômage a rompu le pacte implicite qui lui procurait la garantie de l'emploi en échange de sa fidélité et de son dévouement à son entreprise. Il est mort une deuxième fois dans les années 1980, lorsque s'est imposée la doctrine du capitalisme actionnarial et de la *shareholder value*. En rupture avec une conception de l'entreprise comme espace d'action collective organisé et animé par des cadres tirant leur autorité et leur légitimité de leur seule compétence, l'hégémonie libérale d'inspiration anglo-saxonne a assigné pour finalité unique la maximisation des profits du capital investi et nié de ce fait l'entreprise en tant que projet de création collective.

Enfin, les cadres ont été menacés d'une troisième mort dans les années 1990 lorsque se sont répandues de nouvelles doctrines managériales, portées par la diffusion des technologies numériques d'information et de communication : organisation par projets et en réseaux, raccourcissement des lignes hiérarchiques, management par les *process*, les outils de gestion informatique et le *reporting*, euphémisation du pouvoir liée au discrédit des organisations pyramidales, intériorisation des contraintes par le *coaching*, l'appel au développement personnel, les chartes des valeurs, etc.

Quand ils n'étaient pas menacés par des restructurations, les cadres ont été écartelés par leur appartenance à plusieurs projets. Ils ont perdu la vision claire de leur place dans l'entreprise, quelquefois jusqu'au sens de leur travail. Parfois, ils ont perdu leur légitimité vis-à-vis de leurs pairs et de leurs collaborateurs. Et le divorce s'est accentué entre les dirigeants et les autres managers. Bref, comme en témoignent tous les débats qui se sont tenus au sein de l'Observatoire des cadres depuis quinze ans, les cadres sont devenus perplexes, dubitatifs, voire démobilisés.

Et pourtant les cadres n'ont pas disparu. Notre conviction est même que la fonction de cadre a de l'avenir. Certes, leur rôle diffère selon le type d'organisation dans laquelle ils travaillent, mais leur travail est toujours marqué par deux caractéristiques : la polyactivité (ils font plusieurs choses différentes en même temps) et la centralité. Les cadres sont toujours des intermédiaires, entre deux ou plutôt entre plusieurs. Cette centralité exige un travail constant de traduction, d'interprétation, de contextualisation des décisions prises par leurs supérieurs hiérarchiques, qui va bien au-delà d'un travail de transmission, et qui demeure absolument indispensable.

Ces évolutions posent trois questions cruciales au management. D'abord le fait que rares sont les cadres qui ont été formés à la pratique de la direction et de l'animation d'une équipe : trop souvent, en effet, les doctrines gestionnaires éludent tout simplement la question de l'apprentissage du management. Cette carence se répercute, et c'est la deuxième question, sur les pratiques de l'évaluation des salariés et les modalités de mesure de leurs performances : trop souvent les entretiens professionnels masquent le travail réel, trop souvent l'appréciation des mérites des salariés repose seulement sur des critères quantitatifs et nie l'investissement personnel et les compétences déployées. Enfin – c'est la troisième question – les parcours professionnels des cadres sont de plus en plus longs, exigeants et exposés aux accidents. Il s'agit de savoir comment les sécuriser et donner à toutes et à tous les mêmes chances de progresser dans leur carrière.

Le capitalisme a changé. La crise que nous traversons nous met en demeure d'exercer notre capacité à innover dans tous les compartiments du jeu. Vouloir s'appuyer sur la nostalgie d'âges d'or idéalisés et/ou sur la peur de catastrophes annoncées comme inéluctables ne serait d'aucun secours. Les entreprises comme les administrations doivent d'abord pouvoir compter sur leurs salariés. Ceux-ci supportent de moins en moins d'être assignés à des prescriptions infantilisantes. Ils veulent s'engager, être autonomes, prendre des initiatives, bref s'émanciper y compris dans et par leur travail. De cette volonté, les organisations peuvent faire le meilleur ou le pire usage. Affirmer le rôle et la responsabilité des cadres est fondamental pour faire en sorte que le meilleur – la promotion des coopérations dans le travail, gage d'efficacité et de progrès personnel – l'emporte sur le pire, la manipulation des salariés par la hiérarchie, leur dépit et leur retrait de tout projet collectif. C'est l'ambition de cet ouvrage que d'y contribuer.

Première partie

SALARIÉS À PART ENTIÈRE, SALARIÉS PAS COMME LES AUTRES

CHAPITRE I

L'affirmation d'un groupe social

L'émergence des cadres en tant que groupe social résulte d'une construction historique laborieuse qui a progressivement rassemblé des métiers, des fonctions et des positions sociales différents. Le travail de définition et de légitimation des cadres, entamé en France à partir des années 1930, a emprunté des chemins parfois divergents qui se reflètent encore aujourd'hui dans la composition hétérogène du groupe.

Puisqu'il n'existe pas de définition juridique du cadre, le flou des frontières est un aspect consubstantiel à la catégorie réunie sous l'appellation « cadres ». Il existe un décalage, variable dans le temps, entre la catégorie cognitive, c'est-à-dire la représentation mentale que nous avons de ce qu'est et de ce que fait un cadre, la catégorie conventionnelle – qui est cadre selon les conventions collectives –, la catégorie politique telle qu'elle est définie par leurs porte-parole, notamment les organisations syndicales, et la catégorie statistique selon les nomenclatures des statisticiens de l'Insee, d'Eurostat ou du BIT, par exemple.

Pour caractériser les principaux moments de l'histoire des cadres en France, on peut retenir trois points de vue : l'évolution du « statut » (lois, conventions collectives, accords d'entreprise…) ; les revendications syndicales et l'action collective ; le travail de classification professionnelle et de catégorisation statistique.

Partant de là, il est possible de faire ressortir les lignes de force d'une histoire qui s'est nourrie, au fil des années, des effets des mobilisations collectives, de l'intervention de l'État, de la réflexion menée par les intellectuels et les experts, statisticiens et sociologues en particulier, et bien sûr des transformations du travail lui-même. Nous reviendrons longuement sur ce point dans la seconde partie de ce livre.

Une périodisation peut être esquissée autour des grands tournants qui ont marqué l'évolution de la catégorie socioprofessionnelle des cadres dans l'histoire politique, économique et sociale de la France du XXe siècle : 1) l'entre-deux-guerres, matrice de la formation sociale mais aussi symbolique du groupe des cadres ; 2) la période de croissance économique de l'après-guerre, les Trente Glorieuses, qui voit la montée des cadres au plan statistique comme sur le terrain politique et social ; et 3) la période des trente dernières années, caractérisée par l'effritement des prérogatives traditionnelles des cadres, qui pose de nombreuses questions quant à l'identité professionnelle du groupe lui-même.

L'invention des cadres…

Dès le début du XIXe siècle, des « ingénieurs » se sont groupés en associations et sociétés savantes. Créée en 1848, la société des Ingénieurs civils de France (ICF) se réfère à la doctrine de Saint-Simon (Claude Henri de Rouvroy, duc de Saint-Simon, 1760-1825) pour valoriser la contribution des ingénieurs au progrès économique et, par voie de conséquence, au progrès social. La Société française des ingénieurs coloniaux est créée en 1895, l'Union sociale des ingénieurs catholiques en 1906 et la Chambre syndicale des ingénieurs en 1914. La

Confédération des travailleurs intellectuels, créée en 1920, compte 200 000 adhérents en 1935. Progressivement, deux pôles se constituent autour de l'Alliance des grandes écoles, d'inspiration catholique, et du Front des travailleurs intellectuels, laïque et marqué à gauche.

La mobilisation des ingénieurs lors de la crise des années 1930, qui les menace de chômage et de déclassement social, voit l'apparition des cadres en tant que groupe social. Leur réaction vise d'abord à consolider leur accès au marché du travail. Les organisations d'ingénieurs intensifient la pression sur l'État pour obtenir la protection du titre d'ingénieur. Cette protection sera accordée partiellement en 1934, sachant que demeure la possibilité pour les entreprises d'attribuer le titre à des techniciens promus. La crise économique et la vague de grèves et d'occupations d'usines en 1936 accélèrent la polarisation à l'intérieur de ce groupe social intermédiaire, à mi-chemin entre le patronat et les ouvriers, d'autant que le vieux thème des classes moyennes, empruntant au catholicisme social comme aux doctrines corporatistes, revient au cœur des débats publics.

ENTRE LE MARTEAU ET L'ENCLUME

Lors des grèves de 1936, la confrontation, puis les négociations entre patronat et organisations ouvrières font prendre conscience à ceux qu'on appelait souvent alors les « techniciens » ou les « collaborateurs » qu'ils doivent se fédérer pour exister collectivement et obtenir une place dans les instances de négociation. Si ces grèves sont vécues comme un véritable traumatisme, il faut rappeler que la mobilisation des syndicats d'ingénieurs remonte au lendemain du premier conflit mondial. Le tournant de 1936 a donc une valeur symbolique. C'est alors que se constitue, notamment parmi les ingénieurs d'usine, la thématique du cadre « mal aimé », humilié et offensé, victime de la lutte qui oppose le prolétariat au patronat. Un texte fameux de Georges Lamirand, ingénieur centralien et militant du catholicisme social, constituera longtemps le manifeste des revendications sociales et politiques du groupe des cadres et techniciens qui est alors en train de se former.

> **Un tiers parti menacé de deux côtés**
>
> « Dans chaque entreprise, le jour où commença l'occupation, les délégués ouvriers se dirigèrent droit vers le bureau du patron. C'est à lui qu'ils remirent directement les cahiers de revendications, c'est avec lui qu'ils discutèrent les termes des accords provisoires ; c'est avec lui qu'ils signèrent les premières conventions collectives. L'ingénieur ? Il n'en était plus question. Le patronat, surpris et débordé par les événements, n'avait qu'une idée : régler au mieux et au plus vite, arrêter le torrent qui menaçait de tout emporter, s'en tirer avec le moins de dégâts possible. Faisant la navette entre son conseil d'administration, sa chambre syndicale, la préfecture, le commissariat de police et les comités de grève, il lui arriva d'oublier complètement ses cadres et son personnel de maîtrise, qui restèrent plusieurs jours sans recevoir la moindre parole de réconfort, voire la plus simple consigne. [...] Délaissés par les uns et par les autres, les ingénieurs prirent conscience de n'être ni chair ni poisson et de former un tiers parti menacé des deux côtés dans la triste position du fer coincé entre le marteau et l'enclume. » Georges LAMIRAND[1] (1936).

Le regroupement d'une large fraction du salariat technique et administratif s'effectue ainsi par rapprochement avec l'ensemble flou des classes moyennes ou de la petite bourgeoisie traditionnelle[2]. Il s'opère en même temps par différenciation. Différenciation avec le patronat qui commence à se soucier de la nécessité de construire un « pont social » entre les

1. Cité par Luc Boltanski, *Les Cadres. La formation d'un groupe social*, Paris, Éditions de Minuit, 1982, p. 67-68.
2. *Ibid.*

directions des entreprises et les ouvriers et employés[3]. Mais différenciation aussi avec la classe ouvrière représentée par la CGT qui attire de plus en plus les techniciens. Tous les éléments qui aboutiront à définir plus récemment les cadres comme des « salariés à part entière, mais des salariés pas comme les autres » sont réunis.

La conjoncture de crise économique et de tension sociale de l'entre-deux-guerres conduit pour la première fois à penser ce groupe comme un ensemble doté de caractéristiques et d'intérêts communs. C'est dans ce contexte que se développe l'usage du terme de « cadre » issu du langage militaire et qui rassemble des métiers aussi divers que les ingénieurs, les techniciens, les contremaîtres, les chefs du personnel, les employés administratifs, etc. C'est ainsi que se forme, pour le dire avec Luc Boltanski, « cet agrégat dispersé, sans homogénéité, sans organisation, sans identité et, jusque-là, sans nom, que l'on commence à désigner sous le terme vague de "cadre" en jouant sur le flou de la désignation qui permet de se poser à tout propos la question de savoir qui doit être inclus et qui doit être exclu du champ de mobilisation qui se forme autour des ingénieurs ».

C'est donc un double mouvement qui oriente la définition de la catégorie cadre. D'une part, sur le plan macrosociologique, les changements de la structure économique et sociale de la France du début du XXe siècle, qui voit l'affaiblissement de la petite bourgeoisie indépendante et la montée d'une couche de salariés qualifiés, soucieux de se différencier des ouvriers mais subordonnés au pouvoir des patrons pour bâtir les entreprises de l'industrie en plein essor. D'autre part, sur le plan microsociologique, l'identification des « petits cadres », nombreux mais

3. Le *Bulletin* de l'USIC publie en 1934 cette position : « Le monde ouvrier n'a plus le respect du patron financier de l'entreprise, mais il a encore celui de l'ingénieur qu'il assimile au savant. » Cité par Guy Groux dans « La scission CGC-UCT », CEVIPOF, Sciences Po Paris (www.ihs.cgt.fr/IMG/pdf_Guy_GROUX_La_scission_CGT-UCT.pdf).

n'appartenant que marginalement à la catégorie, aux « vrais cadres » qui eux en réunissent les attributs distinctifs en termes de pouvoir, d'autonomie, de rémunération, de capital culturel et symbolique. Ceux-ci, aux effectifs inférieurs d'un point de vue statistique, ont besoin des premiers pour pouvoir peser dans les instances sociales.

LA CONSTRUCTION D'UNE CATÉGORIE

Ce travail de recomposition sociale débouche en 1937 sur la constitution de la Confédération générale des cadres de l'économie (CGCE), issue de la fusion d'un grand nombre d'associations de cadres. De cette expérience pionnière, la Confédération générale des cadres (CGC) tirera profit lors de sa constitution en 1944. Face à la montée en puissance du mouvement ouvrier et au succès des revendications portées par la CGT, ces catégories « intermédiaires » décident de se structurer en organisations collectives afin de pouvoir participer aux négociations avec les partenaires sociaux. On assiste ainsi à la naissance d'un syndicalisme catégoriel, dont la formule sera remise en cause seulement à partir des années 1960, lorsqu'on assistera au succès des organisations liées aux confédérations ouvrières, notamment l'UCC-CFDT officiellement créée en 1967[4].

À noter que cette demande de reconnaissance officielle et formelle en tant que catégorie socioprofessionnelle est reprise par le régime de Vichy. Les cadres y sont reconnus par la Charte de travail, qui supprime le droit de grève et voit les syndicats remplacés par des corporations. Dans le cadre de la vision organique et hiérarchique de la société promue par ce régime, les cadres siègent aux côtés des représentants des ouvriers et du

4. Marc Descostes, Jean-Louis Robert (dir.), *Clefs pour une histoire du syndicalisme cadre*, Paris, Éditions ouvrières, 1984 ; voir aussi Guy Groux, *Les Ingénieurs et cadres dans le mouvement ouvrier. Le cas de l'UCC-CFDT*, Paris, CNAM, 1982.

patronat, dans les comités sociaux d'établissement. Ils sont en outre réunis au sein du Comité national pour le regroupement des cadres et sont représentés dans toutes les instances corporatives en qualité de *tiers parti*.

L'invention des « cadres » dans la première partie du XXe siècle est donc assurée par ce double mouvement de promotion et de catégorisation. Les acteurs concernés se trouvent partagés entre l'opportunité de mobiliser largement, du côté des ingénieurs mais aussi des techniciens, et celle de maintenir la cohérence interne du groupe socioprofessionnel. Le malaise identitaire a été de fait présent dès la naissance de celui-ci et l'a accompagné tout au long de son histoire, tant l'indétermination et le flou des frontières sont les principes constitutifs de la catégorie. Ils ont permis d'amalgamer des acteurs sociaux disparates en neutralisant les antagonismes les plus aigus au sein de ce qui s'impose comme un nouveau groupe social : les cadres.

… et leur irrésistible ascension

Après la Seconde Guerre mondiale, un travail de mise en forme des modes de classement des activités professionnelles est entamé, qui débouchera sur la constitution d'une nomenclature officielle, les arrêtés Parodi de 1945. Elle fixe un ensemble de dispositions concernant les salaires et les classifications. Cette hiérarchisation des catégories de salariés marque, entre autres choses, la reconnaissance officielle de la catégorie des cadres. Le statut légal du cadre est fondé sur la détention d'un diplôme, normalement un diplôme d'ingénieur, ou sur une expérience professionnelle « reconnue équivalente ». Cette définition reste dominante bien que les négociations sur les conventions collectives contribuent sans cesse à l'enrichir, voire à la nuancer.

Extraits de l'arrêté Parodi du 22 septembre 1945 (article 2)

Sont considérés :

1) *Comme ingénieurs* : les collaborateurs qui, sans exercer de fonctions de commandement, ont une formation technique, constatée généralement par un diplôme ou reconnue équivalente, qui occupent dans l'entreprise un poste où ils mettent en œuvre les connaissances qu'ils ont acquises.

2) *Comme cadres* : les agents possédant une formation technique, administrative, juridique, commerciale ou financière et exerçant, par délégation de l'employeur, un commandement sur des collaborateurs de toute nature : ouvriers, employés, techniciens, agents de maîtrise, ingénieurs, collaborateurs administratifs ou commerciaux. Ne sont visés ni les directeurs salariés des industries en cause, ni les cadres supérieurs dont la rémunération est essentiellement basée d'après le contrat sur le chiffre d'affaires ou la prospérité de l'établissement, ni les voyageurs-représentants-placiers liés à leur employeur dans les conditions prévues par la loi du 18 juillet 1937, ni les agents de maîtrise et techniciens visés par l'arrêté du 4 septembre 1945, ni le personnel spécialisé des services sociaux dont les appointements seront fixés par des dispositions particulières.

Toujours en 1945, l'ordonnance qui institue les comités d'entreprise et comités d'établissement prévoit la création du collège des cadres.

Parmi les facteurs qui structurent les emplois de ces « salariés à part entière mais pas comme les autres », il faut également mentionner la grille des statuts de la fonction publique, qui date également de 1945. Elle concerne les professeurs, le personnel administratif, les médecins salariés des hôpitaux, etc.

AGIRC ET INSEE PAS D'ACCORD

Ce travail de catégorisation participe de l'objectivation progressive de la catégorie cadres. La CGC, par exemple, lorsqu'elle demande l'instauration d'un régime de retraite spécifique, fait référence aux ingénieurs et cadres définis par les arrêtés Parodi. Mais l'article qui définit les catégories bénéficiant de ce régime complémentaire institué en 1947 (et depuis géré par l'Association générale interprofessionnelle des retraites complémentaires, Agirc) englobe aussi d'autres professions (représentants de commerce, médecins salariés, professeurs, etc.) ainsi que les salariés des entreprises nationalisées. Depuis la Convention nationale de 1947, sont affiliés au régime de l'Agirc les ingénieurs, cadres et « cadres assimilés », ainsi que les agents de maîtrise qualifiés par l'article 36 de l'annexe de la convention et bénéficiaires du régime de retraite des cadres à la suite d'un accord signé entre l'employeur et la majorité des intéressés dans l'entreprise.

Les cadres au sens de l'Agirc

Pour l'Agirc, les cadres font d'abord référence aux arrêtés Parodi, puis à l'article 4 de la Convention nationale du 14 mars 1947 qui désigne comme « bénéficiaires de plein droit du Régime, les ingénieurs et les cadres ». L'article 4 *bis* « assimile aux cadres proprement dits les employés, techniciens et agents de maîtrise dont la cote hiérarchique brute, telle qu'elle résulte de la réglementation relative aux salaires, est égale ou supérieure à 300 ». En outre, pour être cadre au sens Agirc, il faut également être salarié dans une entreprise faisant partie du champ d'application du régime, c'est-à-dire depuis 1972, être soumis au régime général de la Sécurité sociale (hors contractuels de la fonction publique).

Lorsqu'on confronte les chiffres de l'Insee relatifs au nombre de cadres avec ceux des cotisants à l'Agirc, on constate qu'il y a peu de concordance[5]. Si, aux yeux de la jurisprudence, le fait de cotiser à une caisse de retraite des cadres devient un élément clé pour déterminer l'appartenance au statut cadre,

5. Guy Groux, *Les Cadres*, Paris, La Découverte, 1983.

l'effort de codification de la catégorie marque de plus en plus une distinction entre les « cadres moyens » (techniciens, contremaîtres, etc.) et les « cadres supérieurs » (ingénieurs, cadres administratifs, cadres commerciaux, etc.). Cette distinction se retrouve dans les nomenclatures statistiques qui vont voir le jour dans les années 1950.

L'Insee définit en 1951 la catégorie « cadre » en regroupant les ingénieurs et assimilés, les cadres intellectuels (professeurs, magistrats, salariés des professions libérales...), les cadres d'entreprise (directeurs administratifs, commerciaux, chefs du personnel). En sont exclus les « cadres moyens » (dessinateurs, agents techniques, agents de maîtrise, représentants de commerce, etc.) qui pourtant ont le droit à cotiser à l'Agirc. En 1954, l'Insee met en place une nouvelle nomenclature qui précise cette articulation[6]. Elle distingue, au sein du groupe « cadres supérieurs et professions libérales », quatre catégories de cadres : 1) professeurs et professions littéraires/scientifiques, 2) ingénieurs, 3) cadres administratifs supérieurs du privé et 4) cadres administratifs du public.

Une nouvelle fois, la nomenclature statistique officielle aboutit à une hiérarchisation de la catégorie cadres, qui n'en reflète pas forcément les visages multiples. Elle néglige les cadres et professions intermédiaires qui sont pourtant à l'origine du groupe social des cadres et de sa propre identité d'intermédiaires entre les ouvriers et le patronat. D'un point de vue strictement quantitatif, la montée des cadres qui marque la période des Trente Glorieuses relève aussi de l'essor rapide des professions intermédiaires, notamment dans le secteur tertiaire en développement. Bref, il n'y a pas d'accord sur les critères à partir desquels construire une taxinomie sociale commune.

---

6. Alain Desrosières, Laurent Thévenot, *Les Catégories socioprofessionnelles*, Paris, La Découverte, 1988.

Tableau 1 : Les catégories socioprofessionnelles entre 1954 et 1982 en %

	1954	1962	1968	1975	1982
Agriculteurs exploitants	20,7	15,8	12,1	7,6	6,2
Salariés agricoles	6,1	4,3	2,9	1,7	1,3
Patrons industrie/ commerce	12,0	10,6	9,6	7,8	7,4
Professions libérales	0,6	0,6	0,7	0,8	0,9
Cadres supérieurs	2,3	3,3	4,2	5,9	6,8
Cadres moyens	5,8	7,8	9,8	12,7	13,9
Employés	10,8	12,4	14,7	17,6	19,9
Ouvriers	33,8	36,7	37,8	37,7	35,1
Personnels de service	5,3	5,4	5,7	5,7	6,5
Autres catégories	2,7	2,9	2,6	2,4	2,1
Total	100	100	100	100	100
en millions	19,2	19,3	20,4	21,8	23,5
dont cadres supérieurs	0,43	0,64	0,85	1,29	1,59

Source : Insee recensements de la population, tableau repris de Bouffartigue, Gadea[7].

QUI REPRÉSENTE LES CADRES ?

Le groupe des cadres apparaît non seulement à géométrie variable mais profondément hétérogène. Selon ses composantes, il est proche des élites dirigeantes, industrielles ou

7. Paul Bouffartigue, Charles Gadea, *Sociologie des cadres*, Paris, La Découverte, 2000.

administratives, des professions libérales ou bien des techniciens et autres salariés. L'effort d'homogénéisation grâce aux différents classements évoqués s'accompagne d'une action collective corrélée aux enjeux de la représentation syndicale. La CGC, dès la fin de la Seconde Guerre mondiale, mène le combat pour défendre le statut spécial des cadres, en termes de hiérarchie salariale, de sauvegarde des régimes particuliers de retraite, au risque d'accentuer une posture idéologique ancienne, celle de la « croisade des classes moyennes » contre l'emprise de la CGT. Cette attitude est d'ailleurs doublée de la même méfiance envers les politiques dirigistes de la IVe République.

Dans les années 1960, la croissance économique, la progression des droits sociaux et la réconciliation idéologique amorcée par la Ve République aidant, l'hégémonie de la représentation catégorielle de la CGC commence à s'effriter au profit du pluralisme syndical. Ainsi, tout au long des années 1960, on assiste au renforcement des unions syndicales de cadres au sein des confédérations ouvrières (UGICT-CGT, UCC-CFDT et UCI-FO), dans un contexte social où les cadres commencent à rejeter les revendications de type corporatiste et tendent à se rapprocher des autres salariés pour ce qui concerne l'action collective, même si la distance objective qui les sépare des ouvriers n'a pas été effacée. Après 1968, la syndicalisation des cadres ralentit, en partie du fait du durcissement du climat social marqué par les luttes antihiérarchie (contre le « despotisme des petits chefs »...) au sein des entreprises, lesquelles sont de plus en plus frappées par des grèves dures accompagnées parfois de séquestrations.

Les cadres restent partagés entre leur statut hiérarchique et leur adhésion syndicale. Cette ambiguïté est due aussi au fait que les syndicats eux-mêmes restent divisés quant à la définition des contours de la catégorie. Certains syndicats, comme l'Union des cadres et ingénieurs-Force ouvrière (UCI-FO), s'appuient sur le socle des articles 4 et 4 *bis* pour désigner leur public (c'est-à-dire les cadres et les « cadres assimilés », comme les contremaîtres ou les agents de maîtrise), du moins dans le secteur privé. D'autres comme l'Union générale des ingénieurs, cadres et assimilés, liée à la CFTC, inclut dans son champ non seulement les « assimilés », mais aussi les VRP et les enseignants. De son côté, la CGC, qui s'est vouée depuis sa création à la défense exclusive des cadres, devient en 1981 la Confédération française de l'encadrement (CFE-CGC), pour élargir son domaine aux techniciens, agents de maîtrise et personnels des forces de vente. L'UGIC-CGT (Union générale des cadres et ingénieurs) devient en 1969 l'UGICT par ajout du T de « technicien ».

C'est seulement vers la fin des années 1970 que l'on assiste à la relance du syndicalisme des cadres, notamment à la CFDT. L'UCC, l'union confédérale des cadres de la CFDT, avait pourtant lancé au début des années 1970 une réflexion d'ampleur sur la question des hiérarchies, de l'autorité et du pouvoir. Mais les discussions sur les contradictions du modèle hiérarchique achoppèrent sur le conflit entre le discours majoritairement antihiérarchique de la CFDT à cette époque et la reconnaissance d'une forme d'autorité légale qui s'exprimait au sein de l'UCC. Comme le reconnaissait une note de 1972, « à la CFDT on veut bien des cadres à condition qu'ils se contentent de soutenir les revendications des autres [...], on veut bien des cadres à condition qu'ils ne viennent pas compliquer les choses en apportant dans le débat ce qu'ils sont et ce qu'ils vivent [...], on veut bien des cadres mais surtout pas de ceux qui imposent une discipline dans la production[8] ».

Au début des années 1980, l'UCC prend à bras-le-corps un certain nombre de problématiques et parvient à désamorcer une partie de ces tensions. Elle porte une attention plus soutenue aux questions de salaire et mène une campagne active sur le thème de la technologie et de l'informatique, au point d'acquérir sur ce thème une véritable légitimité et de devenir l'interlocuteur privilégié du gouvernement et du patronat sur ces questions. D'autres

---

8. « L'UCC dans la CFDT. Ses tâches, son avenir », note préparée par l'UCC pour le bureau national confédéral de la CFDT en février 1972, citée dans la *Revue Cadres CFDT* consacrée au 40e anniversaire de l'UCC-CFDT Cadres, septembre 2008, n° 430-431.

thèmes apparaissent sur le devant de la scène : la réduction du temps de travail, la liberté d'expression (au moment des lois Auroux). Les années 1980 offrent ainsi à l'UCC l'occasion de se positionner en tant qu'expert social et de développer sa propre lecture des enjeux économiques et sociaux. Ce faisant, l'UCC n'est plus seulement un « laboratoire d'idées », mais revêt le statut d'une organisation stratégique au sein de la CFDT[9].

Cependant, si les formes de mobilisation des cadres et leur syndicalisation semblent ainsi les rapprocher des autres salariés, les institutions censées les distinguer ne sont pas remises en cause. Au contraire, elles s'enrichissent de nouveaux outils comme une association pour la gestion du marché de l'emploi spécifique aux cadres, l'Apec (1966), ou comme une section encadrement au sein des conseils prud'homaux (1976)[10].

Le tournant des années 1980

Les années 1980 et le début des années 1990 constituent une période de grande expansion pour les cadres, la croissance de l'emploi étant plus soutenue dans les professions les plus diplômées et les plus féminisées. Alors que le volume de l'emploi total en France demeure quasi constant, l'effectif des cadres et professions intellectuelles supérieures passe de 1,85 million en 1982 à près de 3 millions en 1997. Trois catégories se sont particulièrement accrues : les professeurs et assimilés (+ 86 %), les ingénieurs et cadres techniques des entreprises (+ 77 %), les pro-

9. André Grelon (dir.), *Les Ingénieurs de la crise*, Paris, Éditions de l'EHESS, 1986. Voir aussi Georges Benguigui, Dominique Monjardet, *Être un cadre en France ? Les cadres et l'emploi*, Paris, Dunod, 1970.

10. Le périmètre de cette version juridique de la notion de cadre pose, lui aussi, des problèmes. Par exemple, les cadres votent pour les conseils de prud'hommes dans le collège de l'encadrement, avec les agents de maîtrise et les VRP.

fessions de l'information, des arts et du spectacle (+ 59 %). Bien qu'ils représentent souvent la catégorie la plus emblématique, les cadres administratifs et commerciaux des entreprises n'en constituent qu'un peu plus d'un quart, alors qu'ils étaient un tiers dans les années 1960. Un rythme de croissance plus soutenu est enregistré pour les cadres techniques – la fonction informatique et ses métiers explosent –, les cadres chargés de recherche et d'étude et, surtout, pour les enseignants.

LES NOUVEAUX CADRES

La féminisation du groupe est sans aucun doute un des traits saillants de cette période. À la fin des années 1990, un quart des cadres des entreprises et des administrations sont des femmes. Cette poussée est encore plus forte dans la catégorie des cadres administratifs et commerciaux des entreprises, notamment dans les fonctions d'étude, d'expertise et de GRH, alors que l'accès aux fonctions dirigeantes se heurte toujours à ce que les sociologues appellent le « plafond de verre » (voir chapitre IV).

Comme tout groupe social en croissance rapide, les cadres représentent une voie privilégiée pour la mobilité sociale : près de trois quarts de la population des cadres, sur la période 1980-1995, sont issus d'autres milieux socioprofessionnels que ceux de cadres. Ceci est dû sans doute à la montée des diplômé(e)s du supérieur à l'échelle nationale, même s'il n'est pas possible de mettre sur le même plan tous les diplômes en termes d'accès à l'emploi et de carrière. La progression du nombre de diplômés de l'enseignement supérieur suit un rythme comparable parmi les professions intermédiaires et les cadres des entreprises, ce qui brouille encore davantage les frontières entre les cadres supérieurs et les cadres moyens.

L'Insee tranche en 1982 en distinguant les « cadres et professions intellectuelles supérieures » des « professions intermédiaires ». Du premier groupe sont exclus ceux qui ne sont pas classés comme cadres dans les conventions collectives, bien qu'ils continuent de cotiser à l'Agirc et d'exercer souvent un travail d'encadrement, comme les techniciens, les contremaîtres, les agents de maîtrise. La logique de cette nouvelle nomenclature consiste à rapprocher autant que possible la définition statistique de l'appartenance au troisième collège, celui des cadres dans les entreprises ou de la catégorie A dans la fonction publique. Il n'y a donc plus de cadres « supérieurs » ou « moyens », il n'y a plus que des cadres et des non-cadres, l'appartenance à la catégorie supposant la possession d'un certain niveau de formation, ou d'expérience acquise équivalente, qui sanctionne la capacité technique et professionnelle.

Les « nouveaux » cadres de l'Insee

La nomenclature des professions et catégories socioprofessionnelles (PCS) a été mise au point en 1982 par l'Insee. Les emplois sont classés selon sept critères principaux, en particulier le statut (salarié ou indépendant) et la nature de l'employeur (privé ou public).

La nomenclature reprend le modèle des conventions collectives, articulées sur trois niveaux (employés/ouvriers, techniciens/agents de maîtrise et cadres). Ainsi, la définition statistique de cadre se rapproche de celle issue des conventions collectives (l'appartenance au 3e collège cadre, qui suppose notamment la possession d'un certain niveau de formation ou de connaissances équivalentes). Ce qui fait que les « professions libérales » et les « professions des arts et des spectacles » sont incluses dans la nouvelle classification (« cadres et professions intellectuelles supérieures »), alors que les « assimilés » (techniciens, contremaîtres, agents de maîtrise...) qui cotisent au régime des cadres en sont exclus. Ils font désormais partie de la catégorie « professions intermédiaires ».

La nouvelle catégorie socioprofessionnelle « Cadres et professions intellectuelles supérieures » regroupe 6 sous-groupes :

– les professions libérales ;
– les professeurs et professions scientifiques ;
– les cadres de la fonction publique ;
– les professions de l'information, des arts et des spectacles ;
– les cadres administratifs et commerciaux d'entreprise ;
– les ingénieurs et cadres techniques d'entreprise.

Les taxinomies sociales utilisées par les statisticiens gagnent en clarté et en cohérence, mais l'expansion de la catégorie cadre durant les années 1980 et la diversification qui en découle ne rendent guère plus aisé le travail de représentation syndicale et de mobilisation collective. Cette expansion contribue néanmoins à renforcer le poids de la catégorie aussi bien dans les stratégies syndicales confédérales que dans l'exercice de l'activité de négociation collective à l'échelle de la branche et de l'entreprise[11].

Tableau 2 : Emploi selon les catégories socioprofessionnelles, 1982-1997

	1982		1997		Évolution
	Effectifs (milliers)	%	Effectifs (milliers)	%	en %
Agriculteurs	1 470	6,8	728	3,2	- 50,5
Artisans, commerçants, chefs d'entreprise	1 819	8,5	1 613	7,2	- 1,3
Cadres et professions intellectuelles supérieures dont :	1 857	8,7	2 941	13,1	+ 58,4
– professions libérales	237	1,1	327	1,5	+ 38,0
– cadres fonction publique	244	1,1	285	1,3	+ 16,8

11. Georges Benguigui, Dominique Monjardet, *Être un cadre en France ?*, *op. cit.* Voir aussi Louis Mallet, « L'évolution des politiques de promotion interne des cadres », *Revue française de gestion*, juin-août 1993, p. 38-48.

– professeurs, professions scientifiques	349	1,6	679	3,0	+ 94,6
– professions information, art et spectacle	106	0,5	189	0,8	+ 78,3
– cadres administratifs et commerciaux entreprise	549	2,6	801	3,6	+ 45,9
– ingénieurs, cadres techniques entreprise	372	1,7	660	2,9	+ 77,4
Professions intermédiaires	4 874	18,0	4 868	21,7	+ 25,7
Employés	5 502	25,6	6 409	28,6	+ 16,5
Ouvriers	7 004	32,6	5 841	26,0	- 16,6
Total	21 526	100	21 672	100	+ 0,7

Source : Insee, recensements de la population, tableau repris de Bouffartigue, Gadea [12].

CADRES SANS EMPLOI

À partir du début des années 1990, les cadres sont touchés de plein fouet par le chômage. En 1994, le taux de chômage atteint 5 % pour l'ensemble du groupe professionnel des cadres et professions intellectuelles supérieures et près de 10 % pour les cadres administratifs et commerciaux. Ce sont surtout les cadres d'entreprise qui sont atteints, en particulier les cadres administratifs et commerciaux. Ce phénomène les rapproche des autres catégories sociales, y compris parce que la durée du chômage s'allonge pour eux comme pour les autres.

12. Paul Bouffartigue, Charles Gadea, *Sociologie des cadres*, *op.cit.*

Ce coup de frein à l'expansion a des effets négatifs non seulement sur le modèle de carrière des cadres, jusque-là idéalement caractérisé par une mobilité ascensionnelle, mais aussi sur sa représentation sociale, nourrie de ce que les cadres eux-mêmes vivent et ressentent. Le chômage se traduit par une fragilisation des carrières, devenues de plus en plus incertaines et segmentées, et par une réorientation de celles-ci, désormais déclinées en termes d'employabilité[13] (voir chapitre VI).

L'augmentation du chômage des cadres remet en cause le modèle historique du « cadre à la française », figure sociale typique d'un salariat de confiance, fondée sur la sécurité de l'emploi, la promesse explicite d'une carrière ascendante et le rôle du diplôme dans la définition de la relation d'emploi. Dès lors, plusieurs commentateurs et chercheurs en sciences sociales parlent de banalisation du statut cadre, de plus en plus assimilable à celui des autres salariés, de précarisation des cadres et de leurs trajectoires professionnelles, et même d'éclatement de la catégorie sociale des cadres. Le fossé entre l'élite des cadres dirigeants et la masse des cadres se creuse de plus en plus avec la globalisation du capitalisme[14]. Nous y reviendrons dans la deuxième partie du livre.

En reprenant la métaphore du *Nouvel Esprit du capitalisme* forgée à la suite de Max Weber[15] par Luc Boltanski et Ève

---

13. Sophie Pochic, « Les cadres à l'épreuve de l'employabilité. Le chômage des cadres en France dans les années 1990 », thèse de sociologie, Aix-Marseille-II, 2001. Voir aussi Françoise Dany, Yves-Fréderic Livian, *La Nouvelle Gestion des cadres. Employabilité, individualisation et vie au travail*, Paris, Vuibert, 2002.

14. Paul Bouffartigue, *Les Cadres. Fin d'une figure sociale*, Paris, La Dispute, 2001 ; Charles Gadea, *Les Cadres en France. Une énigme sociologique*, Paris, Belin, 2003.

15. Max Weber, *L'Éthique protestante et l'esprit du capitalisme*, 1904-1920 et, pour la traduction française, Paris, Gallimard, 2003 ; voir aussi Luc Boltanski et Ève Chiapello, *Le Nouvel Esprit du capitalisme*, Paris, Gallimard, « NRF Essais », 1999.

Chiapello sur la base d'une analyse des discours managériaux dominants, les trente dernières années sont marquées par un « nouvel esprit » caractérisé par la flexibilité, l'autonomie, le management en mode projet, le travail en réseau..., nouvel esprit qui contribue grandement à l'érosion des critères traditionnellement représentatifs du groupe cadre. Cette transformation, qualifiée quelquefois de « postfordisme », s'ajoute à celles de toute une série de variables objectives comme la montée du chômage, l'incertitude des carrières, l'essor des professions centrées sur l'expertise technique au détriment de celles d'encadrement hiérarchique..., pour déstabiliser les représentations sociales d'une catégorie de plus en plus perçue comme vulnérable, à l'instar de tous les salariés.

UN GROUPE QUI RESTE NÉANMOINS SPÉCIFIQUE

Les études qui dépassent l'analyse des moyennes statistiques mettent en avant l'accentuation des différenciations internes à la catégorie des cadres, en termes d'âge, de diplôme, de ressources mobilisables. Elles invitent à relativiser la rhétorique générale du déclassement comme conséquence du chômage des cadres. Les données statistiques les plus récentes montrent, par exemple, une relative stabilité de l'emploi chez les cadres et un renforcement du poids des diplômes dans l'accès au marché du travail et dans l'évolution de la carrière. De même, la persistance de processus de promotion interne (le « passage-à-cadre ») dans les années 1990, le recours à la formation « tout au long de la vie » et les bénéfices qu'en tirent les plus qualifiés montrent que le critère de la qualification conserve toute son importance. Les analyses sur les mobilités internes et externes des cadres soulignent la vitalité des flux promotionnels qui alimentent toujours la catégorie des cadres, et contredisent aussi bien les discours sur la fin des autodidactes que ceux sur le déclin général de ces salariés « à part entière, mais pas comme les autres ».

Au final, les cadres se différencient moins des autres catégories de salariés au milieu des années 1990 que ce n'était le cas dans les années 1960, notamment sur leur exposition au risque du chômage et sur la relation d'emploi – et de confiance – qui les lie à leur entreprise. Mais ils conservent des qualités et des conditions de travail très spécifiques, dont la moindre n'est pas celle du décompte « au forfait » de leur temps de travail consacré au tournant du siècle par les lois Aubry sur la réduction du temps de travail.

Combien et qui sont-ils aujourd'hui ?

En France, près d'un actif sur six est un cadre, près de 40 % des cadres sont des femmes et plus des trois quarts des cadres sont diplômés de l'enseignement supérieur. Si les cadres sont nettement moins exposés au chômage que les autres actifs, leur durée du travail est en moyenne sensiblement supérieure. Leur salaire moyen a stagné en pouvoir d'achat depuis vingt ans. Les femmes cadres sont plus souvent diplômées que leurs homologues masculins et leur niveau de diplôme est plus élevé, mais les hommes et les femmes cadres font rarement les mêmes métiers. Et l'écart de salaire moyen entre femmes et hommes, tous secteurs professionnels confondus, s'il s'est réduit depuis vingt ans, reste supérieur à 20 %.

4,7 millions : c'est le nombre de cadres et professions intellectuelles supérieures en activité (en emploi ou au chômage au sens du BIT) recensés par l'Insee en 2011. Ils étaient 2,5 millions en 1990. Les cadres représentent ainsi 16,5 % de la population active, soit un accroissement de 6,3 points par rapport à 1990. Malgré la croissance des effectifs de cadres féminins, cette catégorie reste encore en majorité masculine : les femmes, qui comptaient pour 30 % des cadres en 1990, en représentent 39 % aujourd'hui.

Les cadres sont plutôt épargnés par le chômage : leur taux de chômage, aux alentours de 4 % en 2011, est 2,5 fois moindre que celui de l'ensemble des actifs. Cet avantage relatif a fortement décru au début des années 1990, au moment où le chômage progressait, mais l'embellie due au boom économique de la fin de la décennie 1990 leur a davantage profité et s'est prolongée dans les années 2000. La crise de 2009 semble également les avoir moins atteints que les non-cadres, ou du moins avec un certain retard. En outre, les cadres sont moins exposés à la précarité que les autres catégories, même si cette spécificité a tendance à s'estomper. 7 % des cadres salariés occupaient un emploi précaire (CDD, intérim, contrats aidés) en 2010 contre 14 % de l'ensemble des salariés.

Le niveau de formation des cadres est, comme attendu, bien supérieur à celui de l'ensemble de la population active occupée. Plus des trois quarts des cadres en emploi possèdent au moins un diplôme de niveau bac + 2 et 60 % au moins un diplôme de deuxième cycle de l'enseignement supérieur ; c'est plus de deux fois plus que pour l'ensemble des actifs en emploi. Cette tendance s'est renforcée depuis vingt ans. Si le diplôme n'est pas la garantie d'un accès immédiat au statut cadre, être cadre sans diplôme est de plus en plus difficile. Pour être cadre avant 30 ou même 40 ans, la condition du diplôme semble être *sine qua non*[16].

La durée hebdomadaire de travail déclarée par les cadres (à temps partiel et à temps complet) est sensiblement plus élevée que celle déclarée par l'ensemble de la population active occupée : 44 heures contre 39 heures. Elle est plus élevée pour les

16. Voir à ce sujet l'article de Thomas Amossé, « Cadres/non-cadres : une frontière toujours consistante », *in* Paul Bouffartigue, Charles Gadea, Sophie Pochic, *Cadres, classes moyennes : vers l'éclatement ?*, Paris, Armand Colin, 2011, p. 32 à 45. L'auteur souligne : « [...] il est de moins en moins improbable d'être cadre lorsqu'on a un bas salaire, alors que cela l'est de plus en plus lorsque l'on n'a pas un master, un doctorat ou un diplôme de grande école. »

hommes que pour les femmes cadres. Les cadres et ingénieurs d'entreprise travaillent légèrement plus longtemps que les cadres de la fonction publique.

Près de 60 % des cadres travaillent dans une entreprise de plus de 500 salariés alors que cette proportion n'est que de 40 % pour l'ensemble des salariés (public et privé). À l'inverse, seuls 7,5 % des cadres travaillent dans des très petites entreprises (moins de 10 salariés) contre 23 % de l'ensemble des salariés.

LA MIXITÉ EN PANNE

Les femmes cadres sont plus souvent diplômées que les hommes et leur niveau de diplôme est plus élevé. Elles sont 66 % à avoir obtenu un diplôme supérieur à bac + 2, contre 57 % pour les hommes[17]. L'augmentation de leur part relative dans la catégorie a donc également un effet positif sur l'élévation du niveau de formation de l'ensemble des cadres.

En moyenne, 10 % des cadres travaillent à temps partiel contre 17 % de l'ensemble de la population active occupée. Ils étaient 7 % dans cette situation en 1990 (12 % pour l'ensemble). Les femmes cadres sont les principales concernées : 17 % d'entre elles sont à temps partiel, contre seulement 5 % des hommes. Parmi les cadres à temps partiel, 70 % sont des femmes. Pour autant, le temps partiel est davantage un choix pour les femmes cadres que pour les hommes : la part des femmes à temps partiel déclarant vouloir travailler davantage est de 11 % (29 % pour l'ensemble des femmes en emploi à temps partiel). Cette part est de 28 % pour les hommes cadres (et 37 % pour l'ensemble des hommes en emploi à temps partiel).

Les emplois des femmes cadres sont beaucoup plus concentrés que ceux des hommes dans le secteur des services, et particulièrement dans les métiers de l'enseignement et la

---

17. Insee, enquête Emploi, 2010.

recherche. Elles exercent principalement dans les professions de la santé, du social, de la communication et des ressources humaines, de la magistrature et de l'enseignement primaire et secondaire, toutes professions où les femmes sont très largement majoritaires. Sans atteindre ce niveau, les femmes sont également bien représentées dans les métiers de cadres administratifs. Elles sont en revanche sous-représentées dans les métiers de l'industrie, les spécialités d'ingénieurs et les cadres financiers. Les femmes occupent actuellement deux fois moins souvent un poste de direction générale que leurs homologues masculins (2 % des cadres femmes contre 4 % des hommes cadres).

LES SALAIRES DES CADRES

Depuis vingt ans, les inégalités de salaire se sont accrues au sein même du groupe des cadres. Pendant que le pouvoir d'achat du salaire moyen de 99 % des salariés augmentait de 0,8 % en moyenne annuelle, celui des 1 % les plus rémunérés augmentait de 2 % et celui des 0,01 % de 7 %[18]. La population des très hauts salaires[19] est très masculine (la proportion de femmes n'y est que de 13 %), elle est relativement plus âgée que la population des autres salariés et se concentre en Île-de-France, là où se trouvent les sièges sociaux des plus grandes entreprises[20].

Sur la période 1990-2009, la croissance annuelle du salaire net moyen des salariés à temps complet en France (+ 0,5 % en moyenne par an et en euros constants) a pour l'essentiel été portée par une hausse de qualification des travailleurs. Ces évo-

---

18. Calculs réalisés à partir d'Olivier Godechot, *Finance and the Rise in Inequalities in France*, Working paper n° 2011-13, Paris School of Economics, 2011.

19. 1 % des salariés les plus rémunérés.

20. Michel Amar, « Les très hauts salaires du secteur privé », *Insee Première*, avril 2010, n° 1288.

lutions sont très différenciées selon les catégories professionnelles. *Le salaire moyen des cadres a stagné en euros constants.* Celui des professions intermédiaires a baissé de 0,2 % en moyenne annuelle tandis que le salaire moyen des employés et surtout celui des ouvriers, où la part de salariés rémunérés au Smic est plus élevée, augmentaient de façon plus soutenue (respectivement + 0,2 % et + 0,4 % en moyenne annuelle).

L'écart de salaire entre cadres masculins et féminins s'est donc réduit : le salaire horaire des femmes cadres représentait en moyenne 67 % de celui des hommes en 1990, il en représente 79 % en 2009. Cette réduction de l'écart est notable, mais elle a sensiblement ralenti depuis dix ans. Les écarts de salaires sont le résultat des différences d'emplois occupés : les femmes travaillent plus souvent dans les métiers du social, traditionnellement moins rémunérés que les métiers d'ingénieurs dans l'industrie, métiers essentiellement masculins. Ils sont aussi le résultat d'inégalités dans le déroulement des carrières et dans les promotions.

Avant 30 ans, les écarts de salaire entre hommes et femmes cadres sont quasi inexistants ; ils augmentent ensuite régulièrement jusqu'à 50 ans, puis se réduisent légèrement. Ces évolutions peuvent être en partie le reflet de la difficulté des femmes cadres à accéder à des postes à forte responsabilité entre 30 et 40 ans alors que c'est précisément à ces âges-là que ces femmes deviennent mères. Ce phénomène de « plafond de verre » est difficile à caractériser ici avec certitude, car aux possibles discriminations et effets des représentations traditionnelles se superposent un effet âge et un effet génération. On en verra l'origine et les manifestations plus loin dans ce livre[21].

---

21. Voir le chapitre IV.

Les principales « sources » pour la définition du cadre, 1914-2010

	Action collective	Statut	Catégorisation/ classification
1914-1945	Mobilisation syndicats ingénieurs (USIF, SPID, SIS + amicales ingénieurs catholiques : USIC) (1936). Mobilisation organisations pour la défense des classes moyennes (1937-1938). Naissance CGCE (1937). Naissance CGC (1944).	Reconnaissance du titre d'ingénieur (1934). Reconnaissance des cadres dans la charte du travail + Comité national pour le regroupement des cadres (1941).	
1945-1980	Réorganisation des cadres au sein des confédérations ouvrières : FFSIC-CFTC (1946) puis FSIC-CFTC (1964) et UCC-CFDT (1967), UGIC-CGT et FNIC-FO (1948), puis UGICT (1969) et UCI-FO (1977).	Création d'un collège des cadres dans les comités d'entreprise (1945). Régime de retraite spécifique géré par l'Agirc (1947). Naissance de la FNAC (1954). Naissance de l'Apec (1966). Institution section encadrement aux prud'hommes (1976).	Arrêtés Parodi (1945). Grille des statuts de la fonction publique (1945). Code des groupes socioprofessionnels de l'Insee (1951). Code des catégories socio-professionnelles de l'Insee (1954).

1980-2010	Ouverture de la CGC à d'autres catégories que les cadres (1981). Naissance d'Eurocadres sous l'égide de la CES (1993).	Accord interprofessionnel sur le « statut de l'encadrement » (1983). Lois Aubry sur les 35 heures (définition de cadre dans le code du travail + forfait jour) (1998-2000). Loi de modernisation du marché du travail (CDD de mission) (2008).	Nouvelle nomenclature statistique de l'Insee (1982).

Les trois états de l'« esprit du capitalisme » au XXe siècle (France, 1914-2000)

	Conjoncture économique	Régimes de production	Formes gestionnaires
1er esprit 1914-1945	Économie de guerre et mobilisation industrielle. Crise économique et chômage. Économie sous l'Occupation.	Production en série. Début de standardisation et mécanisation. Entreprises familiales (grandes dynasties) et pouvoir des ingénieurs ; commandes publiques.	Taylorisme (production) et fayolisme (administration). Rationalisation (comptabilité industrielle, salaires au rendement, etc.). Sciences du travail (psychologie du travail, psychotechnique, ergonomie, etc.).

2e esprit 1945-1980	Reconstruction économique (plan Marshall) et intégration européenne (traité de Rome). Croissance économique et démographique. Plein-emploi. Interventionnisme d'État (nationalisations, grandes infrastructures, État providence, etc.).	Production (et consommation) de masse. Grandes entreprises intégrées et pouvoir des managers. Économie industrielle avancée (biens durables, grands équipements et infrastructures).	Taylorisme et fordisme. Planification à long terme, outils de prévision et anticipation (budget, planning, etc.). Coordination administrative. « Relations humaines » et techniques de GRH. Marketing.
3e esprit 1980-2010	Stagnation et chômage de masse. Privatisations et déréglementation des marchés. Mondialisation de l'économie (échanges commerciaux, flux financiers, etc.).	Production flexible et allégée (*lean production*). Entreprises en réseau (systèmes locaux de production) et délocalisations. Tertiarisation de l'économie. Économie de la connaissance (R&D + TNIC). Capitalisme financier (pouvoir des actionnaires).	Toyotisme. Gestion par projets. Direction par objectifs, management participatif, travail en équipe. Généralisation des outils de gestion. Employabilité et individualisation des carrières.

CHAPITRE II

Les cadres, une spécificité française ?

La question posée par ce titre de chapitre n'est pas anodine, au regard des enjeux identifiés au chapitre précédent : à l'étranger, les cadres sont-ils des salariés comme les autres ou se distinguent-ils, comme en France, par des dispositions spécifiques dans le droit du travail, la protection sociale et les relations collectives de travail ? Et, dans la seconde hypothèse, quelle est l'évolution de ces caractéristiques dans le temps ?

Les comparaisons internationales, même au sein des frontières européennes, ne sont guère faciles. Les fonctions qui définissent les cadres – de l'exercice du commandement et de l'encadrement administratif aux activités intellectuelles de formation et d'expertise – peuvent bien être communes, la comparaison entre les définitions légales ou conventionnelles s'avère risquée. Il est en outre difficile d'isoler l'influence de la structure socioproductive et celle des représentations sociales attachées au statut de cadre. Les frontières de la notion de cadre *à la française* s'avèrent poreuses et mouvantes, ne serait-ce que par les enjeux identitaires portés par tous ceux, des statisticiens aux organisations syndicales, qui interviennent dans leur définition.

Pour évaluer le nombre de cadres européens, Eurostat comme la confédération européenne des cadres Eurocadres, s'appuient sur la Classification internationale types de professions (CITP). Celle-ci distingue 10 « grands groupes », parmi lesquels les groupes : 1) dirigeants et cadres dirigeants et 2) professions intellectuelles et scientifiques. Ces deux groupes correspondent au niveau de qualification le plus élevé de la CITP, réservé aux titulaires d'une formation équivalente à un grade universitaire d'une durée de trois ans minimum.

Cette définition des cadres à partir des groupes 1 et 2 de la CITP est conforme à la définition donnée par l'Organisation internationale du travail (OIT), laquelle met l'accent sur le niveau du diplôme (ou d'expérience équivalente) et sur le caractère intellectuel prédominant du travail accompli, ainsi que sur l'exercice de tâches de responsabilités et d'administration avec le pouvoir de commandement correspondant.

Les différents pays européens s'inscrivent en règle générale dans le cadre de cette définition qui privilégie les niveaux de formation et les pouvoirs délégués aux cadres plutôt que, par exemple, le niveau de rémunération.

Les cadres selon l'OIT

« Toute personne :
a) qui a terminé un enseignement et une formation professionnelle de niveau supérieur ou qui possède une expérience reconnue équivalente dans un domaine scientifique, technique ou administratif ;
b) qui exerce, en qualité de salarié, des fonctions à caractère intellectuel prédominant, comportant l'application à un haut degré des facultés de jugement et d'initiative et impliquant un niveau relativement élevé de responsabilité.
Cette notion englobe toute personne répondant aux caractéristiques a) et b) ci-dessus, qui détient, par délégation de l'employeur et sous son autorité, la responsabilité de prévoir, diriger, contrôler et coordonner les activités d'une partie de l'entreprise ou d'une organisation, avec le pouvoir de commandement correspondant, à l'exclusion des cadres dirigeants ayant une large délégation de l'employeur. »

Les cadres dans la CITP

Grand groupe 1 : directeurs, cadres de direction et gérants :
11 : directeurs généraux, cadres supérieurs et membres de l'exécutif et des corps législatifs ;
12 : directeurs de services administratifs et commerciaux ;
13 : directeurs et cadres de direction, production et services spécialisés.
Grand groupe 2 : professions intellectuelles et scientifiques :
21 : spécialistes des sciences techniques ;
22 : spécialistes de la santé ;
23 : spécialistes de l'enseignement ;
24 : spécialistes en administration d'entreprise ;
25 : spécialistes en technologies de l'information et des communications ;
26 : spécialistes de la justice, des sciences sociales et de la culture.

Si les deux premiers groupes de la CITP recouvrent dans la plupart des pays les fonctions exercées par les cadres, notamment les cadres d'entreprise, le groupe des « professions intermédiaires » n'est pas pris en compte, même si les fonctions exercées ou leur adhésion aux organismes professionnels de cadres (notamment les caisses de retraite) pourraient les rapprocher de la population cadre.

Les comparaisons internationales sont d'autant plus difficiles que la notion de cadre peut avoir une réalité institutionnelle et statutaire récente et fragile (par exemple en Espagne ou Portugal) et que les conditions pour identifier sans équivoque cette catégorie ne sont pas toujours réunies (en Allemagne ou au Royaume-Uni).

Partout en croissance

D'après les données fournies par Eurocadres, les cadres (classes 1 et 2 de la CITP) représentaient plus de 19 % de l'ensemble des salariés européens en 2009 et plus de 25 % dans certains pays (Royaume-Uni, Finlande, Belgique...). Ils sont ainsi passés de 16,9 % en 1992 à 19,3 % en 2009, révélant une tendance à la hausse très marquée qui fait qu'aujourd'hui près d'un cinquième des salariés sont des cadres. Cette moyenne de 19,3 % ne doit toutefois pas occulter les différences considérables entre pays : le pourcentage de cadres est supérieur à 28 % au Royaume-Uni, mais inférieur à 12 % en Italie et au Portugal.

Ces écarts notables sont dus en partie à des différences quant à la répartition des salariés selon les secteurs d'activité ainsi qu'à la proportion de travailleurs indépendants parmi les actifs. Les cadres sont en effet plus nombreux dans les services aux entreprises que dans l'industrie ou les services aux particuliers. Mais d'autres éléments interviennent également, comme la taille moyenne des entreprises ou l'inclusion ou non de certains salariés dans le groupe des cadres.

Dans tous les pays, les cadres travaillent en majorité dans les entreprises privées. Un cadre sur trois travaille dans le secteur public et nombre d'entre eux sont employés dans le secteur non lucratif de la santé et des services sociaux. La proportion moyenne de femmes parmi les cadres s'élève à 46 %, mais le groupe 1, celui des managers et des cadres dirigeants, compte seulement 34 % de femmes.

DIPLÔMES ET SÉCURITÉ DE L'EMPLOI

De nombreuses études montrent que la possession d'un diplôme de l'enseignement supérieur est de plus en plus nécessaire pour accéder à un emploi de cadre. Mais cette hausse du niveau de qualification ne s'accompagne plus de la sécurité de l'emploi et des possibilités de carrière qui caractérisaient auparavant la catégorie des cadres. Bien que ce groupe occupe une place plus favorable sur le marché du travail que la plupart des autres actifs, le chômage, la flexibilité et le sentiment de précarité touchent désormais une minorité significative des cadres partout en Europe. À titre d'exemple, 15 % des cadres du groupe 2 et 8 % des cadres du groupe 1 sont en emploi temporaire. Selon l'enquête sociale européenne réalisée en 2006, entre 20 % et 25 % des cadres interrogés affirment avoir été au chômage pendant plus de trois mois au cours de leur carrière.

Dans cette catégorie comme dans les autres, le chômage touche deux fois plus les jeunes que les travailleurs plus âgés ; en outre, presque 30 % des jeunes cadres sont en emploi temporaire, un sur cinq travaille à temps partiel et un sur cinq également a déjà connu une période de chômage supérieure à trois mois.

Tableau 3 : Les cadres en Europe (UE-27) en 2009

Pays	Nombre total de salariés (en milliers)	CITP 1	CITP 2	Cadres (CITP 1 et 2)	% cadres parmi les salariés
Italie	17 167	351	1 482	1 833	10,7 %
Portugal	3 902	81	384	465	11,9 %
Slovaquie	2 044	88	203	292	14,3 %
Autriche	3 450	179	322	501	14,5 %
Espagne	16 760	406	2 150	2 556	15,2 %
Rép. tchèque	4 125	211	427	638	15,5 %
Roumanie	6 197	153	853	1 006	16,2 %
Allemagne	33 649	1 156	4 421	5 578	16,6 %

Bulgarie	2 849	116	366	482	16,9 %
Grèce	2 900	60	483	542	18, 7 %
France	*22 862*	*1 339*	*2 940*	*4 279*	*18,7 %*
Malte	135	9	17	26	19,0 %
Chypre	301	9	49	58	19,2 %
Hongrie	3 440	204	465	669	19,4 %
Danemark	2 550	143	376	518	20,3 %
Slovénie	829	35	135	171	20,6 %
Lettonie	998	64	142	207	20, 7 %
Pologne	11 666	560	2 122	2 682	23,0 %
Suède	4 060	178	786	965	23,8 %
Pays-Bas	7 349	525	1 362	1 887	25,7 %
Finlande	2 178	161	415	576	26,4 %
Estonie	597	67	90	157	26,4 %
Luxembourg	188	6	44	50	26,6 %
Irlande	1 749	170	310	480	27,4 %
Belgique	3 731	273	786	1 059	28,4 %
Royaume-Uni	25 169	3 662	3 508	7 169	28,5 %
Lituanie	1 324	112	268	380	28,7 %
UE	*182 166*	*10 318*	*24 906*	*35 224*	*19,3 %*

Source : Eurocadres, Les Cadres en Europe et leurs syndicats au XXIe siècle, *Bruxelles, mai 2009.*

DIVERSITÉ

L'augmentation des effectifs s'est accompagnée d'une évolution de la structure du marché de l'emploi des cadres. D'après une enquête de l'Apec réalisée chaque année sur huit pays de l'Union européenne (Allemagne, Belgique, Espagne, France, Italie, Luxembourg, Pays-Bas et Royaume-Uni), la période 1998-2008 a vu une diversification des fonctions occupées par les cadres. En 1998 plus d'un tiers des cadres européens étaient employés dans l'industrie, ils étaient moins d'un quart en 2008. On note par ailleurs une forte progression entre 1989 et 2008 de la part des fonctions commerciales et de production-exploitation tertiaire dans les embauches.

Ces données doivent être situées dans le contexte de l'évolution du marché de l'emploi dans chaque pays. Entre 1998 et 2008, la population cadre s'est accrue de 50 % dans l'ensemble de l'Union européenne, alors que la population salariée dans son ensemble n'augmentait que de 18 %. Cette moyenne cache cependant des situations fort diverses selon les pays. Par exemple, l'Espagne a enregistré une augmentation de 152 % dans la période concernée, alors que, dans les pays où la population cadre s'était constituée depuis plus longtemps, la croissance a été beaucoup plus modérée : entre + 59 % pour le Royaume-Uni et seulement + 13 % pour l'Italie.

À côté des facteurs démographiques propres à chaque pays, les facteurs économiques ont eu une incidence sur les effectifs de cadres. Les pays qui affichent un taux d'encadrement inférieur à la moyenne sont aussi ceux dont le secteur industriel est encore relativement important dans l'économie nationale (Allemagne[1], Italie, Belgique), alors que ceux qui ont

---

1. Beate Krais, « Pourquoi n'y a-t-il pas de “cadres” en Allemagne ? », *Sociologie du travail*, 1992, n° 4 ; voir aussi Apec, *Représentations et pratiques managériales en Europe et en Amérique du Nord : vers un modèle managérial unique ?*, Apec-Ipsos, 2009.

enregistré une forte augmentation du taux d'encadrement sont ceux qui ont vu un développement rapide et important du secteur des services (Royaume-Uni, Espagne). À titre d'exemple, le faible taux d'encadrement dans un pays comme l'Italie est à imputer au nombre élevé de PME mais aussi au poids important du secteur industriel.

Tableau 4 : Effectifs de cadres en 2008 (en milliers) et variation entre 1989 et 2008 (en %)

Allemagne	Belgique	Espagne	France	Italie	Pays-Bas	Royaume-Uni
1 930,8	263,1	1 463,2	1 631,7	922,8	644,7	3 030,3
+ 32 %	+ 25 %	+ 152 %	+ 24 %	+ 13 %	+ 98 %	+ 59 %

Source : Les Cadres en Europe. Perspectives de l'emploi cadre dans huit pays, *Apec, 2008.*

Des statuts à géométrie variable

Les définitions légales, conventionnelles ou contractuelles des cadres varient[2]. Si, de manière générale comme nous venons de le voir, les pratiques des différents pays s'inscrivent dans le cadre de la définition de l'OIT (niveau de qualification, autonomie, exercice du commandement, etc.), d'autres facteurs inter-

2. Paul Bouffartigue (dir.), « Cadres et comparaisons internationales : les "cadres" dans les pays de l'Europe occidentale », *Les Cahiers du GDR Cadres,* Actes de la journée du 30 novembre 2001, 2002, n° 2 ; voir aussi Franck Bournois, *La Gestion des cadres en Europe,* Paris, Eyrolles, 1991 et Ferruccio Ricciardi, « Généalogie et évolution de la notion de "cadre" en Italie », *Sociologie du travail,* 2006, n° 4.

viennent. Parmi ceux-ci, il y a les droits, ou la privation de droits, propres aux cadres.

MOINS DE DROITS…

Certaines dispositions peuvent exclure en effet les cadres de tout ou partie de la protection octroyée par le droit du travail ou les conventions collectives, tandis que d'autres peuvent ajouter des protections propres à la catégorie des cadres. Il y a donc des définitions excluantes ou négatives, des définitions spécifiques ou positives, mais aussi des situations où la définition reste imprécise, voire inexistante. Ainsi, nombre d'accords ou d'annexes aux conventions collectives qui accordent des avantages aux cadres (rémunération, primes, complément de retraite) s'accompagnent d'une minoration des droits (pas de référence à un horaire de travail ni de comptage des heures supplémentaires, moindre protection en cas de licenciement…).

De façon générale, les définitions légales étant peu précises, on fait référence davantage aux dispositions conventionnelles plutôt qu'au droit du travail. Les cadres peuvent être exclus du champ des conventions collectives ou de textes législatifs, pour l'ensemble ou seulement pour certaines de leurs dispositions. Par exemple en Belgique et au Luxembourg les cadres, par opposition aux « employés », ont été exclus dès les années 1960 des dispositions sur la durée du travail, exclusion compensée dans certains secteurs par la négociation d'accords spécifiques aux cadres ou qui couvrent en priorité ces derniers. Au Royaume-Uni, la catégorie cadre est définie de manière négative. La transposition de la directive européenne sur le temps de travail (qui stipule par exemple un horaire hebdomadaire maximal de 48 heures) prévoit des dérogations pour les personnes ayant des pouvoirs de décision.

Rappelons à ce propos que la notion française de cadre n'est pas transposable au monde anglo-saxon, où l'on distingue les *managers*, c'est-à-dire tous ceux qui encadrent, et les *professionals*, qui ne sont pas censés encadrer et qui exercent des activités d'étude, de recherche, de formation et d'expertise, ces deux populations relevant des groupes 1 et 2 de la CITP.

En Allemagne, les cadres sont majoritairement considérés comme des employés (*Angestellte*) et sont généralement couverts par les conventions collectives ; lorsqu'elles existent, les définitions du cadre sont négatives et renvoient à l'exclusion du champ des conventions collectives notamment des cadres de niveau moyen (*Aussertariffliche Angestellte*). Les cadres de haut niveau (*Leitende Angestellte*), quant à eux, sont définis par la loi et disposent de certaines prérogatives, par exemple un organe représentatif spécifique. Cette exclusion des *Aussertariffliche Angestellte* se fait sur une base soit volontaire, soit automatique. L'exclusion volontaire est choisie par le salarié au moment de la signature de son contrat de travail, l'exclusion automatique se fonde sur la convention collective qui définit les critères d'exclusion. Des avantages (pensions de retraite supplémentaires, primes, etc.) sont souvent offerts en contrepartie aux cadres qui choisissent de s'exclure du bénéfice de la convention collective.

Dans d'autres pays, les cas d'exclusion concernent les cadres dirigeants, les autres cadres étant couverts par les conventions collectives. C'est ainsi que les cadres dirigeants sont exclus de la législation du travail et du champ des conventions collectives en Autriche, en Grèce, en Espagne ou en Suède.

… PLUS DE DROITS…

Des dispositions légales ou conventionnelles positives peuvent octroyer aux cadres des droits spécifiques dont ne bénéficient pas les autres catégories de salariés, ce qui contribue à fonder la distinction des cadres et l'attrait de leur statut.

Par exemple, en Italie la loi reconnaît depuis 1985 l'existence des cadres (*quadri*), catégorie intermédiaire entre les cadres supérieurs au sens strict du terme (*dirigenti*) – reconnus par les conventions collectives depuis les années 1920 et qui cotisent à une caisse de retraite spécifique – et les employés. Il existe donc un support légal à la signature d'accords spécifiques aux cadres, portant sur la formation, la mobilité ou le temps de travail. Au Danemark, il existe une loi qui couvre à la fois les cadres et les autres « cols blancs » et a un impact direct sur les protections accordées aux cadres.

En France, ce sont les conventions collectives de branche ou d'entreprise qui identifient et distinguent les cadres. Le plus souvent ces conventions comportent des dispositions spécifiques aux cadres sous forme d'avenants, la référence fondamentale restant la définition des cadres issue des grilles Parodi de 1945. En outre, la convention Agirc de 1947 institue pour les cadres et assimilés un régime de retraite complémentaire spécifique, qui représente encore aujourd'hui un élément majeur de distinction professionnelle.

… OU LES MÊMES

Dans un certain nombre d'autres pays européens (Autriche, Irlande, Pologne, Portugal, Espagne et, dans une moindre mesure, Finlande, Norvège et Suède), les cadres ne sont l'objet d'une définition précise ni dans la loi ni dans les conventions collectives. Dans ces pays, les cadres sont couverts par les conventions collectives comme les autres salariés. Le droit du travail établit seulement une distinction entre ouvriers et employés, ces derniers englobant une population sensiblement plus large que les cadres. Les cas d'exclusion, lorsqu'ils existent, concernent seulement les cadres dirigeants.

Cette inclusion des cadres dans le champ des conventions collectives ne leur permet plus que rarement de bénéficier d'avantages spécifiques, que ce soit pour la formation, la mobilité ou les pensions de retraite. En Suède, aux Pays-Bas, en Irlande, en Allemagne et en Autriche, les cadres sont presque systématiquement couverts par les conventions collectives dont le champ s'applique soit à l'ensemble des salariés, soit aux cols blancs au sens large du terme. Au Portugal, cette couverture élargie dépend du poids des syndicats, alors qu'en Finlande elle varie selon les secteurs d'activité.

Si dans certains pays il existe des frontières juridiques relativement définies entre cadres et non-cadres (par exemple en France ou en Italie), dans d'autres pays (par exemple en Allemagne et au Royaume-Uni), c'est la continuité entre les deux catégories qui l'emporte. Les cadres allemands font partie du groupe des employés de bureau et les cadres moyens anglais se rapprochent des contremaîtres – *supervisor* – dont les fonctions sont souvent celles de l'encadrement. En outre, dans la même catégorie de cadres salariés peuvent coexister des définitions négatives et positives : par exemple, en Allemagne, les *Aussertariffliche Angestellte* et les *Leitende Angestellte,* ces derniers étant les cadres qui, d'après la loi constitutionnelle sur le travail, assument une partie des fonctions d'employeur ou de chef d'entreprise.

Bref, la définition des cadres relève d'une construction sociale et institutionnelle essentiellement nationale, dont on ne peut pas faire l'économie dans toute tentative de comparaison internationale[3]. En France, la césure majeure se situe entre les techniciens et contremaîtres, d'un côté, et les cadres (moyens, supérieurs ou dirigeants) de l'autre. En Espagne, on distingue trois catégories de salariés exerçant des fonctions d'encadrement : le *Tecnico*, le *Cuadro* et le *Gerente ejecutivo*. Au Royaume-Uni, on distingue le *Supervisor* du *First line/Junior Manager* et ce dernier du *Middle Manager* et du *Senior Manager/ Top Executive*. En Italie, seuls les *Dirigente* sont séparés des *Quadri*.

3. Franck Bournois, Yves-Frédéric Livian, « Managers, "cadres", "Leitende Angestellte". Some landmarks about managerial group titles and definitions », *in* Yves-Frédéric Livian, John G. Bourgoyne (dir.), *Middle Managers in Europe*, Londres-New York, Roudledge, 1997, p. 25-38.

Tableau 5 : Comparaison des définitions légales/conventionnelles des cadres en Europe (UE-16)

Définition négative	
Allemagne	Exclusion de l'application de la convention collective pour une partie des employés (*Aussertariffliche Angestellte*) de manière automatique ou par choix. Les cadres dirigeants (*Leitende Angestellte*) sont définis par la loi.
Autriche	Loi sur le temps de travail excluant les « cadres investis de certaines responsabilités pour une fonction de gestion importante ».
Belgique	Loi sur le temps de travail excluant « le personnel occupant un poste de confiance » (arrêt de 1965).
Espagne	Exclusion des cadres dirigeants du régime juridique du statut des travailleurs.
Grèce	Exclusion des protections sur les temps de travail, les jours de congés et les heures supplémentaires pour les cadres dirigeants (*stelexos*).
Luxembourg	Exclusion des cadres supérieurs des conventions collectives concernant les conditions de travail et les rémunérations des autres employés.
Royaume-Uni	Dérogation à la réglementation de la durée du travail pour les « cadres dirigeants et autres personnes dotées de compétences décisionnelles autonomes ».
Suède	Exclusion des cadres dirigeants du droit du travail et des conventions collectives.
Définition positive	
Danemark	« Accord de septembre » de 1899 définissant les cadres (*arbejdsleder*) dans le secteur privé.
France	Arrêté Parodi (1945) et régime de retraite spécifique (1947) pour les cadres. Accord interprofessionnel sur le « statut de l'encadrement » (1983).

Italie	Convention collective (1926) pour les *dirigenti* (cadres supérieurs et dirigeants). Loi de 1985 définissant les *quadri* (cadres intermédiaires).
Définition imprécise ou inexistante	
Finlande	Aucune définition spécifique des cadres.
Irlande	Aucune définition spécifique des cadres, certaines catégories de salariés (forces armées, médecins, cadres dirigeants...) étant exclues de la législation du travail.
Norvège	Aucune définition spécifique des cadres.
Pays-Bas	Les cadres (*Hoger personnel*) ne sont pas exclus des conventions collectives, alors qu'aux cadres dirigeants (*Leidinggevenden*) ne s'applique pas la loi sur le temps de travail.
Portugal	Aucune définition spécifique des cadres ; différentes règles générales (temps de travail) pour la fonction de cadre hiérarchique.

Source : Emmanuel Mermet, Les Cadres en Europe, *Eurocadres/Institut syndical européen, 2001.*

La syndicalisation des cadres

Il existe en Europe de nombreuses configurations des syndicats de cadres. Le type de structure de ces syndicats est influencé par l'histoire et le contexte économique et social de chaque pays, mais aussi par le poids des différents secteurs économiques ou par la structure du système de qualifications.

SYNDIQUÉS À PART ENTIÈRE MAIS PAS COMME LES AUTRES

Les syndicats des cadres peuvent ainsi être classés selon trois grands modèles d'organisation, le *modèle vertical*, le *modèle fondé sur les qualifications* et le *modèle mixte.*

Le *modèle vertical* est celui des confédérations nationales qui ont des organisations spécifiques aux cadres. Les cadres peuvent être inclus soit dans des organisations sectorielles verticales, avec les autres salariés, soit dans des organisations spécifiques aux cadres, interprofessionnelles et multisectorielles. Dans certains pays, il existe une distinction statutaire entre ouvriers et employés, qui fait que les cadres sont normalement représentés par les organisations syndicales d'employés, au sein desquelles peuvent exister des structures spécifiques aux cadres. On retrouve ce modèle dans la plupart des pays méditerranéens et dans les pays de l'Europe centrale et orientale : France, Italie, Espagne, Portugal, Roumanie, Slovaquie, Slovénie, Pologne, Bulgarie, République tchèque, Grèce pour l'organisation verticale *stricto sensu* ; Autriche, Belgique, Allemagne et Pays-Bas pour l'organisation statutaire.

Dans le *modèle fondé sur les qualifications*, ce sont les niveaux de qualification qui jouent un rôle essentiel dans la structuration des organisations syndicales, les cadres étant rattachés aux organisations qui représentent les employés et les diplômés d'université. Ce modèle se retrouve notamment dans les pays nordiques : Danemark, Finlande, Suède, Norvège, Estonie et aussi Hongrie.

Dans certains pays, il y a *mixité* ou coexistence de plusieurs types de structures : syndicats des cadres, structures spécifiques au sein des syndicats d'employés, structures spécifiques aux cadres au sein des syndicats de salariés. Des syndicats initialement structurés en fonction des branches d'activité ou du type de profession ont cherché à augmenter le nombre de leurs adhérents et ont inclus d'autres groupes de travailleurs. Ce modèle de type anglo-saxon s'applique au Royaume-Uni et à l'Irlande.

LES TAUX DE SYNDICALISATION

Cet ensemble de structures syndicales évolue dans le temps, à mesure de l'évolution des niveaux de qualification comme de la transformation des entreprises et des formes de contractualisation. Ces évolutions répondent aussi aux stratégies syndicales d'affiliation développées dans chaque pays. Le nombre des cadres syndiqués varie fortement d'un pays et d'un secteur à l'autre, à la fois pour des raisons socio-économiques et pour des raisons historiques et culturelles.

En règle générale, la densité syndicale est plus élevée lorsque les cadres disposent de structures syndicales spécifiques. Le taux de syndicalisation moyen des cadres en Europe varie entre 20 et 25 % (plus de 6 millions de cadres en Europe sont donc membres d'une organisation syndicale), mais il existe de grandes différences entre les pays. On peut distinguer quatre groupes de pays en fonction du taux de syndicalisation des cadres :

– très élevé (plus de 70 %) : Danemark, Finlande, Norvège, Suède ;

– élevé (entre 30 et 70 %) : Belgique, Autriche, Portugal ;

– moyen (entre 15 et 30 %) : Irlande, Pays-Bas, Grèce, Luxembourg, Italie, Hongrie, Roumanie, Estonie, Royaume-Uni ;

– faible (entre 5 et 15 %) : République tchèque, Allemagne, France, Bulgarie, Espagne, Pologne.

LA REPRÉSENTATION DANS LES INSTANCES EUROPÉENNES

Depuis 1993, il existe un Conseil européen des cadres, Eurocadres, qui rassemble la plupart des organisations syndicales de cadres et développe une activité vouée à la fois à la constitution d'un réseau d'échange et d'information à l'échelle du continent, au développement du dialogue social et à la représentation institutionnelle. Issu de la transformation de l'ancienne Fédération internationale des employés (FIET), qui a rejoint la Confédération européenne des syndicats (CES) au début des années 1990, Eurocadres se charge de représenter la population cadre auprès de la Commission européenne et des autres instances continentales.

Eurocadres entretient des relations de travail avec la plupart des institutions européennes, la Commission européenne mais aussi le Comité économique et social européen, le Conseil européen et le Parlement européen, afin de pouvoir influer sur les processus de décision, notamment dans les dossiers comme le temps de travail, la mobilité professionnelle, l'égalité entre les femmes et les hommes, la responsabilité sociale des entreprises, les modèles managériaux. Eurocadres est associé à la Confédération européenne des syndicats (CES) depuis 1999.

Seconde partie

HORS-CADRE OU PLEIN CADRE : QUEL TRAVAIL ?

CHAPITRE III

Les « Trente Financières »

Sous ce titre volontairement provocateur, nous présentons de façon synthétique un certain nombre d'éléments qui, sans être spécifiques aux cadres, ont considérablement influencé la façon dont ils exercent leur activité dans leur entreprise ou leur administration. Les développements qui suivent retracent, sans prétendre à l'exhaustivité, quelques-uns des phénomènes analysés dans la période récente[1]. On y retrouvera des évolutions dans l'ordre de l'économie (la mondialisation des échanges et de la production) et des technologies (la généralisation de l'usage d'Internet et des « outils nomades » de communication), comme dans celui de la gouvernance des entreprises, des doctrines de management et du droit du travail. À des degrés divers, tous ces éléments ont modifié depuis une vingtaine d'années le travail des cadres. On verra que le plus déterminant a été le changement de finalité de l'entreprise qu'a provoqué l'avènement, au cours des années 1980, du règne de ceux qui détiennent la puissance financière.

---

1. Les comptes rendus des séminaires organisés par l'Observatoire des cadres depuis sa création sont un bon écho des débats que peuvent susciter ces phénomènes (voir le site http://www.cadrescfdt.fr/observatoire).

Les effets de la mondialisation

La mondialisation de l'économie est un fait acquis, comme ses effets sur les politiques publiques et sur la stratification sociale dans les sociétés industrielles avancées. Mais, si cette rhétorique de la mondialisation est fort répandue parmi les différents acteurs de la vie publique (hommes politiques, patrons, syndicalistes, experts et intellectuels...), les avis divergent lorsqu'il s'agit de caractériser ses effets sur le monde des entreprises et du travail salarié. De fait la multiplicité des facteurs qui entrent en jeu (économiques, financiers, technologiques, sociaux, politiques, etc.) rend difficile une lecture globale et univoque de ce phénomène.

LA FIGURE DU CADRE INTERNATIONAL

C'est le cas en particulier de l'impact de la mondialisation sur les cadres. Nombre de malentendus demeurent sur cette question, notamment en France, pour ce qui concerne la gestion des carrières. La figure du « cadre international » est-elle en train de s'imposer dans un contexte qui tend à valoriser la mobilité et l'employabilité prétendument acquise en changeant de poste le plus fréquemment possible ? Dans de nombreux ouvrages de management, ces nouveaux héros (et souvent hérauts) de la mondialisation sont présentés comme des « leaders sans frontières » qui ont su dépasser l'étroitesse des limites nationales au profit des intérêts mondiaux de l'entreprise et d'une vision planétaire de l'avenir. Sommes-nous face à l'émergence d'un nouvel ordre mondialisé des affaires, géré par des élites managériales cosmopolites qui partagent les mêmes valeurs et les mêmes références intellectuelles ?

L'internationalisation des marchés du travail est présentée souvent comme une conséquence inéluctable de la globalisation de l'économie, modifiant en profondeur les parcours de carrière des salariés qualifiés[2]. L'accélération des flux de capitaux, d'informations et de compétences au sein d'entreprises multinationales ferait émerger une nouvelle figure professionnelle, celle du « manager international ». Même si les enquêtes sociologiques sur cette typologie sont peu répandues, ce nouveau profil du cadre est fortement valorisé par les multinationales, les consultants et les écoles de commerce. L'objectif des entreprises serait d'offrir leurs postes sur le marché mondial, dans un contexte de bonnes perspectives de croissance pour l'emploi des cadres.

Les formations en gestion tendent à cautionner ce discours. En Europe, depuis les années 1980, ces formations ont été standardisées sur le modèle des *business schools* américaines. Les MBA (*Master of business administration*) se sont implantés un peu partout. Les procédures d'accréditation et de classement se sont multipliées et ont donné à ces cursus une légitimité transnationale. Les grandes entreprises multinationales et les cabinets-conseil en retour ont sanctionné leur succès sur le plan professionnel.

L'INTERNATIONALISATION DE L'ACTIVITÉ

Et pourtant, l'internationalisation des cadres est loin de suivre celle de l'activité des grandes entreprises, telle que mesurée par la part de leur chiffre d'affaires réalisé hors de France. Ce constat s'appuie notamment sur la composition des équipes dirigeantes des grandes entreprises françaises très engagées à l'international. Ainsi, les sociétés du CAC 40 en 2007

---

2. Notons que globalement la proportion d'étrangers dans la population française n'augmente que lentement, passant de 1,9 % en 2003 à 2,1 % en 2010 pour les ressortissants des États membres de l'UE-27, et de 2,8 % en 2003 à 3,4 % en 2010 pour les ressortissants des autres pays. Voir Commission européenne, *Employment and Social Developments in Europe 2011*, chapitre 6, tableau 3, p. 249 (http://ec.europa.eu/social/main.jsp?catId=113&langId=en&pubId=6208&type=2&furtherPubs=ye.s).

employaient 61 % de leurs effectifs hors de France, mais ne comptaient que 20 % d'étrangers parmi leurs cadres dirigeants. En 2009, un groupe comme Total réalisait seulement 9 % de ses 13,3 milliards d'euros d'investissements en France, mais 17 % de ses nouvelles recrues étaient françaises[3].

Dans les années 1990, l'internationalisation des principaux groupes français se traduisait par le recrutement de personnel local au bas de la hiérarchie ; puis, grâce à la promotion interne, au développement de formations dans les pays d'accueil ou parce que la présence à l'étranger de ces entreprises, ex-champions nationaux, était liée à l'achat d'entreprises existantes, du personnel qualifié a pu être recruté sur place. En revanche, l'encadrement est toujours très majoritairement constitué de personnel expatrié, originaire du pays du siège social. Cela a permis à des diplômés français d'embrasser des carrières internationales ou au moins de connaître des périodes d'expatriation. Ces périodes sont plus ou moins valorisantes d'ailleurs, le retour à la maison mère se révélant, selon les cas, l'occasion d'une promotion vers les postes les plus élevés de l'entreprise ou au contraire une voie de garage. Les délocalisations dites *offshore* concernant des prestations dans des activités à forte valeur ajoutée qui emploient une proportion importante de cadres (étude, développement, maintenance et exploitation des applications informatiques, etc.) ne semblent croître que faiblement et être essentiellement le fait d'entreprises anglo-saxonnes.

Bref, la mondialisation du marché de l'emploi des cadres semble encore loin d'être une réalité concrète. Les représentations de ce qui est attendu des cadres et de ce qui permet les carrières ascendantes sont néanmoins d'ores et déjà largement influencées par cette nouvelle donne.

---

3. Étude XERFI, « Les entreprises du CAC 40 sont-elles bonnes ou mauvaises pour la France ? », *La Tribune*, 22 janvier 2011.

Tous numériques

La diffusion des technologies numériques d'information et de communication (TNIC) a transformé le fonctionnement des entreprises[4]. Elle a accru le volume d'information disponible et favorisé la communication entre les personnes. Elle a permis d'automatiser bon nombre d'opérations de nature administrative en créant une « prothèse informationnelle » qui prend en charge le fonctionnement de la partie bureaucratique des entreprises. Elle aide les salariés à exercer leur métier, notamment lorsque celui-ci est fondé sur l'information, mais elle est souvent vécue comme envahissante, voire contraignante et addictive. Comme toute technique, les TNIC ne sont ni bonnes, ni mauvaises, ni neutres !

L'ENTREPRISE 2.0

Les applications informatiques ont amplifié les capacités humaines. Ordinateurs, smartphones, tablettes, géolocalisation, applications en tout genre, notre réalité serait augmentée[5]. Les technologies numériques et leurs capacités de diffusion et de stockage de textes et de chiffres ont permis d'éliminer une grande partie du travail opérationnel le plus routinier. Elles ont semblé débureaucratiser les entreprises et les administrations au sein desquelles l'information est devenue plus fluide et plus horizontale. Mais ce mouvement a eu un effet paradoxal : il a donné aux entreprises la faculté d'accroître considérablement le nombre de règles et de procédures qui régissent leur fonctionnement et a, de ce fait, accentué leur aspect bureaucratique. Les règles, anciennes et nouvelles, ne sont plus appliquées par des

---

4. Jean-Louis Peaucelle, « La malléabilité organisationnelle des TIC », *Revue française de gestion*, 2007-3, n° 172 ; voir aussi Nathalie Greenan *et al.*, « Présentation », *Réseaux*, 2010-4, n° 162, p. 9-32.

5. « 2012, année de la réalité augmentée », *Les Échos*, 22 février 2012.

personnes, ce sont les machines qui s'en chargent, sans possibilités d'interprétation ou d'adaptation. Au bout du compte ni les services administratifs et fonctionnels ni les effectifs des sièges sociaux n'ont été réduits.

Ce mouvement n'est toutefois pas un effet de la technologie en soi, mais de la manière dont les entreprises ont façonné les outils techniques dans une perspective de contrôle et d'automatisation des *process* de gestion. Lorsque les applications informatiques ont été conçues spécifiquement pour l'entreprise, elles ont respecté son fonctionnement organisationnel. Les ERP (*Entreprise Resource Planning*, en français progiciel de gestion intégrée ou PGI), KM (*Knowledge Management*) ou CRM (*Customer Relationship Management*) présentent quantité de choix et de paramétrages et peuvent en théorie s'adapter à chaque entreprise, selon le mode de fonctionnement souhaité. Mais quand les programmes ont été conçus pour un grand nombre d'entreprises et les progiciels présentés comme les outils d'un changement organisationnel rationnel pour standardiser, *benchmark* aidant, les manières de faire autour des meilleures pratiques et des ratios universels, ils peuvent percuter, contraindre et perturber des organisations adaptées et qui ne demandaient rien.

Ainsi, après plusieurs décennies d'utilisation de l'informatique, les situations observées montrent des effets multiples et contradictoires[6]. Les études empiriques ne valident pas la théorie du changement organisationnel induit par les TNIC. Certains théoriciens ne voient rien de nouveau dans ces technologies qui puisse modifier la réflexion en matière d'organisation. Ils soutiennent qu'après comme avant les entreprises adoptent diverses configurations organisationnelles, celles qui leur donnent les meilleures chances de succès ou qui correspondent à leur histoire. Si, à un moment donné, l'informatique est contraignante pour l'organisation, les évolutions techniques font rapidement tomber ces rigidités liées aux usages novices des technologies.

---

6. *Revue Cadres CFDT*, juillet 2012, n° 449, « Opportunités numériques (2) ».

« La gestion de l'information n'est donc pas une discipline à part mais une manière d'envisager tout le fonctionnement de l'entreprise. [...] Histoire de nous rappeler que l'évolution des technologies ne nous permettra jamais de faire l'économie du bon sens, de la logique et d'un peu de courage et que les bonnes solutions ne sont ni sociales ni 2.0 : elles sont bonnes, un point c'est tout[7]. » Les innovations sont allées dans le sens de la multiplication des possibles et les usages de l'informatique et de l'Internet peuvent s'adapter aux choix organisationnels faits dans chaque entreprise.

D'autres chercheurs, tout en reconnaissant que l'usage qui est fait de ces technologies est largement tributaire des choix organisationnels, affirment qu'elles ont des effets inéluctables, différents selon la catégorie de salariés concernés[8]. Pour les postes d'exécution, le travail peut être rigoureusement encadré par des procédures informatiques de plus en plus contraignantes, tandis que, pour les postes d'encadrement, l'augmentation de la contrainte a porté sur les objectifs, qui sont de plus en plus précis, quantifiés et exigeants. On peut parfaitement concevoir que les TNIC, comme toute technique, contraignent et limitent la liberté des acteurs. Toute la question est de savoir si cette limitation est efficace pour la performance et, pourquoi pas, pour le confort des utilisateurs, ou si elle est perçue comme un outil de contrôle mis au service de directions opaques, distantes, incapables de confiance, travaillant plutôt contre les salariés qu'en collaboration avec eux. La paranoïa de certaines directions, la théorie du complot comme explication de tous les dysfonctionnements peuvent trouver dans ces technologies une nourriture importante.

---

7. Bloc-notes de Bertrand Duperrin, 18 juillet 2012 (www.duperrin.com).

8. Jérémie Rosanvallon, « Les outils informatiques renforcent les contraintes par les procédures », *Entreprise & Carrières*, 14 au 20 février 2012, n° 1083.

USAGES DES TNIC

Le premier usage des TNIC porte sur la communication au sein de l'entreprise[9]. Qu'en est-il en particulier de l'usage du courrier électronique ? Dans quelle mesure l'utilisation croissante du courrier électronique affecte-t-elle le fonctionnement des échanges interindividuels et celui des réunions ? Des travaux de recherche ont été réalisés à partir de données collectées auprès d'un large échantillon de dirigeants d'entreprise. Les résultats relativisent très fortement plusieurs hypothèses pourtant couramment admises. La substitution entre communication électronique et réunion en face à face est beaucoup plus limitée qu'on ne le pense et l'utilisation de la communication électronique ne contribue que marginalement à améliorer le fonctionnement des réunions. Les outils de communication ne tendent-ils pas davantage à se superposer qu'à se substituer ou à s'articuler ?

Michel Kalika, Nabila Boukef Charki et Henri Isaac ont proposé pour en rendre compte ce qu'ils appellent la « théorie du millefeuille ». Le développement d'un outil de communication dans le management des entreprises ne provoque pas, dans la majorité d'entre elles, loin s'en faut, une réorganisation des processus de gestion des communications et de la coordination. On observe un effet d'empilement des outils, qui traduit le fait que les moyens de communication se juxtaposent les uns sur les autres sans se mélanger véritablement, ce qui peut amener à des résultats contradictoires en termes de productivité. On constate plus une accumulation de strates successives qu'une réorganisa-

---

9. Michel Kalika, Nabila Boukef Charki et Henri Isaac, « La théorie du millefeuille. De la non-substitution entre communications électroniques et face à face », *Revue française de gestion*, 2007-3, n° 172. Voir aussi les actes du séminaire organisé par l'OdC le 10 septembre 2010 « Le travail 24 h/24 ? Urgence, impatience, surcharge informationnelle, le travail à l'heure des technologies de l'information et de la communication » (disponibles sur le site http://www.cadrescfdt.fr/lobservatoire/les-actes-002494).

tion pensée. Le flou régnant dans certaines entreprises à propos de l'utilisation des canaux de communication est souvent source de stress et de temps perdu pour les managers. L'effet millefeuille produit une surcharge informationnelle croissante génératrice de dysfonctionnements individuels et collectifs. Cependant, l'effet millefeuille n'est pas inéluctable, il dépend des managers et de l'organisation générale.

L'usage des TNIC conduit aussi à une reconfiguration des pratiques professionnelles et, par voie de conséquence, à une redéfinition des contours des métiers et des compétences. On pense notamment à de nouveaux profils de professionnels marqués par la pratique croissante du nomadisme et une dépendance extrême aux TNIC[10]. Les outils techniques ont facilité de nouvelles formes d'organisation et de gestion du travail qui rompent avec la règle des trois unités du théâtre classique : unité d'action, unité de temps et unité de lieu. Une part de plus en plus significative des cadres s'oriente vers des activités délocalisées. Alternant différents lieux et contextes de travail (au bureau, chez le client, à son domicile, dans les filiales, à l'hôtel, dans les transports), ces cadres sont équipés d'outils nomades pour rester joignables et disponibles à tout moment. Le lieu n'est plus un déterminant exclusif ni même toujours majeur du travail. Du coup, la limite entre espace privé et professionnel s'estompe, les mêmes outils étant d'ailleurs utilisés dans la vie privée et professionnelle. Dans ce travail mobile et nomade, l'activité des personnes devient moins visible et plus difficilement mesurable. Elle échappe au contrôle et à l'évaluation directe de l'entreprise et des encadrants, qui passent alors par la mise en place de dispositifs de *reporting* de plus en plus détaillés. Nous reviendrons sur ce point dans le dernier chapitre de ce livre.

Par ailleurs et contrairement à une idée reçue, la capacité à se disperser au travail est décisive pour réaliser des tâches

---

10. Marc-Éric Bobillier-Chaumon, « Nomadisme et dépendance : des pratiques professionnelles reconfigurées », *Revue Cadres CFDT*, avril 2012, n° 448, « Opportunités numériques (1) ».

complexes et variées, tout en gérant des équipes et en communiquant sur ce qu'on fait. La polyactivité est constitutive du travail des cadres (voir chapitre V). Le problème ne vient pas des technologies numériques, mais de la capacité des organisations à gérer leur usage et à limiter les phénomènes invisibles de surtravail qu'elles peuvent générer[11].

Il y a de très nombreuses façons de gérer la polyactivité et la dispersion qui l'accompagne. Certains essaient de la prévenir, d'autres la gèrent en direct en fragmentant leur activité ou en essayant de filtrer les problèmes. L'expérience et l'habitude s'avérant décisives, les cadres développent de réelles compétences à la gérer, avec même parfois une certaine excitation, associée à la nouveauté, au changement et au dynamisme. Mais lorsque l'exposition à la dispersion s'installe dans la durée, elle accroît la charge au travail. Ce constat vaut tant pour les charges cognitives (interruptions incessantes) que psychiques (maîtrise émotionnelle, hantise de l'échec, sentiment croissant des activités empêchées) ou encore physiques. Une grande partie du surtravail engendré par la gestion de la dispersion n'est pas reconnue par les salariés et par les organisations privées et publiques comme du véritable travail. Il y a un mérite certain à se débrouiller des situations de polyactivité et de dispersion. Il doit être reconnu, mais gagnerait à être associé à un « droit à la déconnexion ».

Un autre effet des TNIC concerne le fait que, noyés sous le déluge des données, les cadres peuvent de plus en plus difficilement accomplir une mission qui consiste à prendre des décisions raisonnées à moyen et à long terme. Il est devenu de plus en difficile pour le manager de prendre des décisions, d'en indiquer la cohérence et d'en donner le sens. Pour cela, il doit transformer des données brutes en information (par une construction, à travers un processus mental, des données qui lui sont transmises), puis en savoir (des informations organisées par l'activité intellec-

---

11. Caroline Datchary, « TNIC et dispersion au travail : comment gérer le surtravail invisible ? », *Revue Cadres CFDT*, *ibid.*

tuelle du sujet) et surtout en connaissance (le résultat de l'expérience personnelle de l'individu, intellectuelle et émotionnelle, qui permet d'être lucide vis-à-vis de soi-même et de son environnement).

« La solution passe, au-delà des outils technologiques de plus en plus puissants, par le travail en groupe, par la valorisation de l'expérience et par l'acceptation des intuitions, qui permettent de sélectionner et d'interpréter les informations pertinentes, celles qui aident à prendre la bonne décision », écrit Pascal Junghans[12]. Les cadres n'ont plus le monopole de l'information. Leur rôle s'est déplacé. Il consiste à sélectionner les informations, à les contextualiser, à les interpréter plus qu'à en augmenter la quantité.

La finalité de l'entreprise en débat

La libéralisation des marchés financiers a transformé le mode de gouvernement des entreprises[13]. Les dirigeants salariés avaient auparavant un pouvoir de direction prédominant, et un rôle d'équilibrage entre les intérêts des différentes parties prenantes de l'entreprise : actionnaires certes, mais aussi créanciers (en particulier les banques), clients et également, de façon variable suivant les entreprises, salariés.

CAPITALISME MANAGÉRIAL ET CAPITALISME ACTIONNARIAL

L'intensification de la concurrence sur le marché des biens et des services, de plus en plus mondialisée, réduit la capacité d'anticipation à long terme et pousse également l'entreprise à la

---

12. Pascal Junghans, « Faire face au déluge des données : l'intuition au service de la décision », *Revue Cadres CFDT*, *ibid.*

13. François Eymard-Duvernay, *Économie politique de l'entreprise*, Paris, La Découverte, « Repères », 2004.

réactivité et à la flexibilité. Si la centralité des clients a changé beaucoup de choses, globalement le pouvoir a basculé du côté des actionnaires. Ceux-ci mettent en concurrence les entreprises en exigeant des taux élevés de rendement des actions et peuvent imposer un retour sur investissement à très court terme. Ils sanctionnent au besoin les dirigeants en les congédiant sans ménagement, non sans que ceux-ci aient auparavant accumulé des stocks-options et autres parachutes leur permettant de partir dans des conditions plus que confortables. L'entreprise est prise en tenaille entre les marchés financiers et les marchés de biens et services.

Ni l'actionnaire ni le client ne laissent à l'entreprise le temps nécessaire à des réorganisations et des réorientations qui associeraient l'ensemble du corps social de l'entreprise. Il est loin le temps où les démarches naissantes de gestion prévisionnelle des emplois et des compétences (GPEC) faisaient dire aux groupes « qu'ils feraient l'entreprise de demain avec les salariés d'aujourd'hui ». Il en résulte de fréquentes restructurations dans la plupart des grandes entreprises. La conséquence est une fragilisation du lien salarial. La continuité du lien d'emploi, qui était une caractéristique des grandes entreprises, est systématiquement remise en cause devant l'impératif de flexibilité. D'où la prolifération de contrats précaires, le recours systématisé à l'intérim dans certaines branches comme l'automobile. D'où également un chômage de masse dans de nombreuses économies.

Dans un article important paru en 2009[14], Antoine Rebérioux a montré les dérives de ce modèle de gouvernance des entreprises qui s'est imposé depuis les années 1970 dans le capitalisme anglo-saxon et auquel la France n'a pas échappé : celui de la *corporate governance* et de la *shareholder value*[15].

---

14. Antoine Rebérioux, « Le capitalisme financier en question », *Cahiers français*, 2009, n° 349.

15. Voir aussi l'entretien avec Olivier Favereau et Armand Hatchuel, « Management et financiarisation. Des entreprises "déformées" », *Revue Cadres CFDT*, septembre 2011, n° 445-446.

Dans les années 1970, s'était répandue l'idée qu'un marché boursier actif constitue une ingénierie efficace, capable de discipliner les dirigeants des plus grandes sociétés. Cette espérance se fondait sur l'hypothèse d'efficience informationnelle du marché boursier : les marchés, à savoir l'arbitrage réalisé par des investisseurs correctement informés, font du cours de la Bourse le meilleur indicateur possible de la performance à long terme de l'entreprise. Sous cette hypothèse, les dirigeants peuvent et doivent être jugés et rémunérés sur la seule base de la valeur boursière de leur entreprise. C'est l'objectif des offres publiques d'achat ou d'échange et des stock-options. Le conseil d'administration doit jouer alors le rôle d'interface entre l'entreprise et les acteurs de la finance de marché. Dans cette optique, l'indépendance des administrateurs à l'égard de la direction est considérée comme essentielle.

Les années 1980 et 1990 ont vu ce modèle de gouvernance monter en puissance et s'imposer peu à peu partout, si bien qu'au début des années 2000 il est devenu difficile de contester l'idée qu'une société bien gérée est une société sous le contrôle d'administrateurs indépendants, gouvernée en fonction des signaux du cours boursier par le biais de dispositifs de stock-options. *A contrario*, le modèle allemand de gouvernance – qu'on appelle parfois le « modèle rhénan » –, avec des directions plus sensibles à l'intérêt de l'entreprise qu'à celui des actionnaires, des OPA quasi inexistantes et des administrateurs forts peu indépendants – car pour partie salariés dans le cadre de la cogestion –, apparaissait bien souvent archaïque et en tout cas peu réactif et peu innovant.

Cette logique purement financière était censée garantir une meilleure répartition du risque et une meilleure efficacité économique dans l'allocation du capital au sein des économies. En même temps, la suprématie des actionnaires mettait fin aux usurpations de pouvoir du « capitalisme managérial » des années 1960.

Dès le début des années 2000, le scandale Enron avait commencé à ébranler cette croyance. La crise actuelle a révélé l'extrême fragilité de ces deux justifications. Les premières évaluations donnent des résultats décevants. Les OPA/OPE devaient normalement, en sanctionnant les dirigeants incompétents ou malhonnêtes, améliorer la performance à long terme, ce que les études empiriques ne confirment aucunement. Et les stock-options apparaissent comme un facteur d'extraction de rentes, aux mains des dirigeants, bien plus que comme un outil d'incitation efficace.

De plus, on en vient à mettre en doute l'hypothèse d'efficience informationnelle des marchés boursiers. Les travaux d'André Orléan[16] sur la « finance mimétique » dépeignent un marché boursier où les acteurs cherchent à anticiper non pas la capacité réelle de l'entreprise à dégager des profits dans le futur, mais plutôt l'opinion des autres acteurs, facilitant ainsi la formation de bulles. Dès lors que l'on suppose que les prix boursiers ne reflètent plus nécessairement la capacité de l'entreprise à dégager des flux de profit à long terme, il est clair que le principe du marché boursier comme agent de contrôle perd de sa force.

En outre, les résultats plus que médiocres de l'évaluation de l'indépendance des conseils d'administration donnent à réfléchir. La focalisation sur l'indépendance des administrateurs a eu des effets pervers, en se faisant au détriment d'une réflexion sur leur expertise. Quelle confiance accorder à la validation d'une information, aussi bien financière que non financière, par un conseil qui ignore les ressorts de la création de richesse dans l'entreprise ? La crise a été le révélateur (ou la confirmation) des faiblesses de la discipline de marché en matière de gouvernance, faiblesses dont les scandales financiers de l'ère Enron avaient été les signes avant-coureurs. Au total même, les dirigeants ont pu tirer parti de la distorsion des prix des actifs et de la faiblesse des conseils d'administration pour agir dans un intérêt contraire à celui des actionnaires, de l'entreprise et de ses salariés. Loin d'avoir permis de discipliner les dirigeants des grandes sociétés

---

16. André Orléan, *L'Empire de la valeur. Refonder l'économie*, Paris, Le Seuil, « La couleur des idées », 2011.

au profit des actionnaires, le contrôle boursier a accru leur marge de manœuvre et opacifié le lien entre leur leadership et les résultats de l'entreprise.

LA RSE : CONTRE-FEU OU PARAVENT ?

Les critiques à l'encontre du capitalisme ont évolué : dégradation de l'environnement, impact néfaste du travail sur la santé, cupidité revendiquée, voire immoralité de certains dirigeants, course au moins-disant avec l'externalisation des activités, etc. Pour y répondre, une nouvelle doctrine est apparue, que résume le principe de responsabilité sociale de l'entreprise (RSE)[17]. Selon ce dernier, la responsabilité des entreprises ne saurait se limiter à la recherche du profit ; celles-ci doivent contribuer au bien-être général, affirmer des principes éthiques et favoriser un développement durable.

La responsabilité sociale des entreprises (RSE) « a pour objet l'intégration volontaire des préoccupations sociales et écologiques des entreprises à leurs activités économiques et à leurs relations avec les parties prenantes que sont les salariés, les actionnaires, les fournisseurs, les sous-traitants, les consommateurs, mais aussi, les collectivités publiques ou les organisations non gouvernementales[18]. » Au-delà de cette définition distanciée et consensuelle, la RSE revêt de multiples dimensions. Si certaines sont d'ordre médiatique et liées aux relations publiques, d'autres sont sociales, économiques, managériales, juridiques et politiques.

---

17. Anne Bory, Yves Lochard : « Introduction : La RSE, entre relations publiques et outil politique », *Revue de l'IRES*, 2008-2, n° 57, numéro spécial « Les syndicats face à la Responsabilité sociale des entreprises ». Notons que la déclinaison de l'acronyme RSE est variable : il désigne parfois la responsabilité sociale et environnementale, voire la responsabilité sociétale des entreprises.

18. Christine Neau-Leduc, « Les accords sur la "responsabilité sociale de l'entreprise" », *Droit social*, janvier 2008, n° 1, p. 75-79.

Le caractère promotionnel de la RSE et les incertitudes liées à sa définition peuvent laisser penser à un effet de mode ou à un engouement éphémère des milieux d'affaires. Si certains n'ont pas hésité à franchir le pas et à pronostiquer sa disparition ou son affaiblissement rapide, la RSE semble avoir conquis en Europe depuis les années 1980 une place tant institutionnelle que dans l'opinion. De fait, elle s'est trouvée promue par une multiplicité d'acteurs qui ont véhiculé des discours sur la nécessaire conversion des entreprises à la citoyenneté ou à l'éthique : pouvoirs publics, représentants patronaux, instances politiques internationales, organisations non gouvernementales, syndicats… En quelques années, toute une série de structures se sont mises en place qui, tout à la fois, installent la RSE dans le paysage législatif, l'encadrent juridiquement, en évaluent l'extension tout en contribuant simultanément à la promouvoir et à la légitimer[19].

La littérature académique a fourni de nombreux arguments légitimant la RSE ou traitant des voies les plus efficaces pour s'y adapter. Cette littérature, souvent d'inspiration managériale, se limite cependant à recenser des bonnes pratiques et à promouvoir la RSE sans trop en questionner les fondements et les effets. Les recherches en économie et en management sur le sujet se développent majoritairement dans le monde anglo-saxon. La plupart d'entre elles cherchent à mesurer l'impact économique de la RSE, mais cette mesure est surtout destinée à légitimer la RSE aux yeux des actionnaires des entreprises. La question de son effectivité et de son impact reste encore incertaine.

Deux points paraissent décisifs. En premier lieu, la mise en place d'un droit d'alerte professionnelle, lorsqu'un salarié

---

19. « Le Medef assure la promotion du reporting RSE ». Cet article fait le compte rendu d'une réunion d'information tenue « devant un auditorium comble » pour présenter le guide dédié au reporting RSE. Il est placé sous le titre général : « Vous accompagner de la performance à la performance durable ». Site du Medef (www.medef.com), 30 mai 2012.

découvre des situations anormales : atteintes à l'environnement, dérives financières ou pratiques de corruption[20]. Pour que ce droit d'alerte soit effectif et responsable, un certain nombre de conditions doivent être réunies : pas d'anonymat mais une garantie de confidentialité, la protection du lanceur d'alerte, un équilibre des pouvoirs dans la structure de traitement des alertes, un appel si besoin à un médiateur interne ou externe[21]... En second lieu, l'indexation d'une partie de la rémunération des cadres dirigeants sur des critères de responsabilité sociale mesurables et négociés avec les représentants des salariés, intégrant le moyen et le long terme. Mettre en place de tels modes de rémunération variable passe, dans les grandes entreprises tout au moins, par l'inscription de la question des salaires des dirigeants à l'ordre du jour des réunions du comité d'entreprise et par la présence d'un représentant des salariés au sein du comité des rémunérations. En l'absence d'avancée sur ces deux points, les politiques de responsabilité sociale de l'entreprise courent le risque de demeurer au stade de l'affichage d'un catalogue de bonnes intentions.

L'ENTREPRISE : UN VIDE JURIDIQUE

Au-delà de l'évidence première, la notion d'entreprise reste mal cernée et objet de nombreuses confusions. Cette insuffisance conceptuelle a rendu possibles les représentations réductrices de l'entreprise qui se sont développées depuis les années 1970. Privilégiant la perspective financière, celles-ci occultent la spécificité de l'entreprise comme dispositif de création collective, au risque

---

20. Malgré les recommandations de la CNIL en 2005 et les dispositions de la loi du 13 novembre 2007, les dispositifs existants (droits d'alerte du comité d'entreprise en matière économique, droit d'alerte du délégué du personnel sur les situations individuelles, droit d'alerte du CHSCT en matière de santé et de sécurité du travail) rencontrent des limites sérieuses. L'alerte professionnelle doit concerner tous les risques.

21. Voir la *Revue Cadres CFDT*, n° 439, « Dénoncer ou alerter ? », juin 2010.

de la dénaturer, voire de la détruire. Des recherches menées notamment au Collège des Bernardins entre 2009 et 2011 se sont attachées à analyser la « grande déformation » des entreprises qui résulte de l'emprise croissante de la sphère financière, ainsi que les évolutions qui seraient nécessaires pour réhabiliter l'entreprise dans l'ensemble des dimensions qui la constituent[22].

Cette représentation abusive s'est appuyée sur deux théories développées par les économistes, largement diffusées et enseignées depuis les années 1970 : la *théorie de la valeur actionnariale*, évoquée ci-dessus, et la *théorie de l'agence*, qui fait du dirigeant le simple « agent » du « principal » que sont les actionnaires. La relation d'agence justifie un intéressement financier qui pallie l'incapacité supposée du dirigeant à gouverner dans l'intérêt de la société : son opportunisme égoïste est ainsi déjoué en misant sur sa volonté de s'enrichir, voire sur sa cupidité.

« La théorie de l'agence occulte la différence établie par le droit entre actionnaire et mandataire, et l'autonomie propre de l'entreprise. On arrive ainsi à utiliser la personne morale de la société de capitaux comme un système paradoxal, à la fois transparent aux pouvoirs (le dirigeant est censé agir uniquement en référence aux actionnaires) et opaque aux responsabilités, celles des actionnaires étant limitées à leur apport et celles des dirigeants aux fautes de gestion. L'asymétrie qui en résulte limite l'aversion des actionnaires et des dirigeants envers des risques dont les bénéfices peuvent être importants pour eux, tandis que les dommages éventuels seront surtout supportés par les salariés et la communauté[23]. » La prise de risque qui justifiait les rémunérations et le pouvoir des dirigeants est tout bonnement reportée sur d'autres, qui n'en peuvent mais.

L'entreprise coordonne le travail collectif par l'association de contrats de travail incomplets et la subordination à une auto-

---

22. Les propos qui suivent sont empruntés à Beaudoin Roger, « La grande déformation de l'entreprise par la pression financière », *La Gazette de la société et des techniques*, novembre 2011, n° 64.

23. *Ibid.*

rité de gestion. Mais l'émergence au XIXe siècle de ce dispositif original de création collective n'a pas suscité d'évolution spécifique du droit. Ainsi, au plan juridique, l'entreprise s'appuie sur deux types de contrats : d'une part, le *contrat de société*, qui détermine les relations entre associés ou actionnaires et la personne morale qu'est la société ; d'autre part, les *contrats de travail* qui lient les salariés à la société. L'entreprise elle-même, en tant que collectif de personnes apportant des ressources en capital et en travail au service d'un projet de création collective, n'a pas d'existence juridique.

Cette absence de statut juridique a permis l'émergence de représentations de l'entreprise dérivées du droit des sociétés, tandis que le droit du travail règle les rapports salariaux individuels sans référence aux actionnaires. Ainsi, le dirigeant est le mandataire nommé par les actionnaires et dispose à ce titre d'un pouvoir de représentation ; il est aussi, pour le droit du travail, l'employeur des salariés et il exerce l'autorité de gestion par laquelle il a le pouvoir d'affecter leurs intérêts. Cette prééminence du droit des sociétés dans l'appréhension de l'entreprise a ouvert la voie à la domination d'un mode de *corporate governance* structuré par les théories de la valeur actionnariale et de l'agence.

FAIRE AUTREMENT

Blanche Segrestin et Armand Hatchuel ont proposé de remédier à cette carence juridique[24]. Si l'on retient l'idée que l'entreprise pourrait constituer une nouvelle forme de groupement

---

24. Blanche Segrestin et Armand Hatchuel, « Pour un nouveau droit de l'entreprise », *in* Pierre Rosanvallon et coll., *Refaire société*, Paris, Le Seuil, « La République des idées », 2011. Voir également Blanche Segrestin et Armand Hatchuel, *Refonder l'entreprise*, Paris, Le Seuil, « La République des idées », 2012 ainsi que les actes du séminaire « Repenser l'entreprise » organisé par l'OdC le 9 novembre 2011 (disponibles sur le site http://www.cadrescfdt.fr/lobservatoire/les-actes-002494).

économique, deux voies principales peuvent être suivies : soit la personne morale reste établie par les actionnaires (variante de la société, telle qu'elle existe aujourd'hui), soit la personne morale est créée par les différentes parties qui s'engagent dans le projet collectif. La première voie peut être relativement simple dans son principe : il suffirait en effet de changer l'objet social de la société. La société anonyme classique serait ainsi forcée à devenir « entreprise » par une intégration dans son objet social des enjeux de l'entreprise. Cette piste s'inspire de la loi adoptée en Californie sur une forme de société nouvelle[25] : la *Flexible Purpose Corporation* (FCP). Cette société aurait comme caractéristique d'être un hybride entre une société commerciale classique et une organisation poursuivant des objectifs sociaux ou environnementaux, qui sont habituellement du ressort d'organisations à but non lucratif. Cet étrange hybride serait obtenu par la spécification d'un objectif plus étendu que la seule valeur actionnariale.

La seconde voie permettrait à *un groupe d'individus, à la fois apporteurs de capitaux et travailleurs, de créer une personne morale particulière, en lieu et place de la société* : *l'entreprise*. La solution précédente – l'extension de l'objet social – ne corrige pas le déséquilibre formel entre les actionnaires et les autres parties. Pour être plus cohérent avec la logique de la création collective, il faudrait que les différents participants au projet collectif de l'entreprise soient également représentés. Techniquement, cette forme de groupement pourrait s'apparenter aux mutuelles, aux Scop (Société coopérative et participative) ou aux Scic (Société coopérative d'intérêt collectif). Par analogie, les auteurs proposent que soit introduit un contrat d'entreprise qu'ils nomment

25. Loi SB 201 (*Flexible Purpose Corporations*) promulguée le 10 octobre 2011 par le gouverneur de Californie (voir le site http://www.nonprofitlawblog.com/home/2011/10/california-benefit-corporation-and-flexible-purpose-corporation.html). Voir aussi l'article de Kevin Levillain, « La *Flexible Purpose Corporation*, un petit pas pour le juriste, un grand pas pour l'entreprise », *Revue Cadres CFDT*, octobre 2012, n° 450-451.

« entreprise à progrès collectif » (EPC). Ce serait une personne morale, créée dans un but de développement économique et social pour ses membres. L'EPC comprendrait des apporteurs de capitaux, des salariés, voire d'autres parties prenantes engagées dans le projet collectif et reconnaissant l'autorité du dirigeant « habilité ». Celui-ci tiendrait sa légitimité de sa capacité à mobiliser les potentiels de départ et à convaincre qu'il saura les accroître.

Le client est roi

Les détenteurs du capital ne sont pas les seuls acteurs extérieurs aux organisations du travail à s'y inviter pour faire valoir leurs exigences. La concurrence accrue entre entreprises permet aux clients de les jouer les unes contre les autres. Par souci légitime de performance mais aussi sans doute par mimétisme, les services publics et l'administration ont suivi. Nous étions des usagers sensibles à l'accroissement des protections et des prestations, nous sommes devenus des clients de services qui doivent toujours faire plus pour moins cher.

LE CLIENT OU LES SALARIÉS

Dans ses ouvrages[26], François Dupuy a décrit comment l'intensification de la concurrence a transformé les organisations du travail au sein des entreprises. Durant les Trente Glorieuses, les organisations agissaient dans un contexte global de

---

26. François Dupuy, *La Fatigue des élites, le capitalisme et ses cadres*, Paris, Le Seuil, « La République des idées », 2005 et *Lost in Management, la vie quotidienne des entreprises du XXIe siècle*, Paris, Le Seuil, 2011 ; voir aussi les actes du séminaire « Hope in management ? Peut-on repenser le management ? » organisé par l'OdC le 2 décembre 2011 (disponibles sur le site http://www.cadrescfdt.fr/lobservatoire/les-actes-002494).

pénurie de biens et de services : le client n'avait pas le choix. Il se trouvait en concurrence avec d'autres clients pour obtenir par tous les moyens et avant lui la ligne téléphonique, le réfrigérateur ou la voiture dont il rêvait. Personne n'était véritablement comptable du résultat ni du coût final. Organisé selon le modèle taylorien, le processus de production était découpé en séquences bien établies : conception, production, vente, où chacun avait un rôle clairement déterminé. Vivant de façon endogène, les entreprises se préoccupaient peu de productivité et de différenciation. Elles pouvaient obtenir l'engagement au travail de leurs salariés en leur promettant la sécurité de l'emploi tout en les protégeant de leurs collègues – le partage « scientifique » du travail cantonnait chaque salarié dans des tâches bien délimitées – et en les abritant d'une trop forte pression des clients.

Depuis le milieu des années 1970, cette logique a été mise à mal. L'augmentation considérable de la productivité et la mondialisation des échanges ont engendré une abondance de biens et de services. Dans la relation entre fournisseurs et clients, l'avantage a changé de camp au bénéfice de ces derniers. Les entreprises ont eu besoin d'intensifier le travail pour rester compétitives et répondre à la demande croissante de clients exigeant toujours plus (de qualité, de *customization*, de services intégrés et après vente, de prestige de la marque, etc.) à moindre coût.

Cette révolution économique s'est traduite au jour le jour par une réorganisation du travail dans les entreprises. Celles-ci se sont mises à la recherche perpétuelle de la flexibilité et de la qualité totale, symbolisée par le principe des « cinq zéros » : zéro défaut (intégration du contrôle de la qualité du processus productif dans l'ensemble de la chaîne de production), zéro panne (mise en place d'un système de maintenance préventif pour éviter les pannes), zéro délai (processus de production facilement reprogrammables et adaptables), zéro stock et zéro papier (système d'information moins formel et moins vertical).

Sont alors apparus les fonctionnements par équipe projet ou transversaux, qui supposent polyvalence individuelle mais aussi interdépendance, coordination, voire entraide entre salariés et entre équipes. Chacun est devenu responsable – et les cadres davantage encore que les autres salariés – non seulement des résultats de sa partie, mais aussi de ceux de l'ensemble. Au départ, cette inflexion a été plutôt bien acceptée par les salariés qui y ont gagné en autonomie et responsabilité. Mais très vite une telle organisation est devenue relativement opaque, source de tensions, de dureté des rapports entre des salariés qui devaient gérer à leur niveau et sans protection cette double confrontation, entre collègues et avec les clients. Pour les cadres, la position hiérarchique n'est désormais plus suffisante : il leur faut négocier avec leurs collaborateurs sous la pression directe des clients, dans un contexte où les nouveaux moyens de communication favorisent la diffusion, au sein comme en dehors de l'entreprise, d'informations dont ils avaient traditionnellement le monopole.

Sous la pression du marché, l'entreprise a progressivement abandonné sa partie du *deal* implicite – loyauté contre protection – qui la liait à ses salariés. Le contrat de confiance rompu, ces derniers ont pu en retour « se retirer du travail » en faisant le strict minimum, et pas une minute de plus ou, à l'inverse, en prenant l'organisation à son propre piège, en travaillant rigoureusement selon les règles et en la désorganisant ainsi par la grève du zèle. Plus généralement, la conception utilitariste du travail a gagné du terrain au détriment de celle, particulièrement forte en France, selon laquelle, opérateur ou cadre, peu qualifié ou expert, on se réalise dans son travail en le faisant du mieux possible selon les règles et les normes de la profession et de ce qui fait son honneur[27]. Le questionnaire de satisfaction rempli par le client remplace le jugement des pairs sur « la belle ouvrage » et le travail bien fait. Au bout du compte une partie du

27. Philippe d'Iribarne, *La Logique de l'honneur. Gestion des entreprises et traditions nationales*, Paris, Le Seuil, 1989.

contrôle exercé dans les années 1960 par la hiérarchie est transférée au client.

Les directions – et les conseils en management – ont souvent semblé hésiter entre deux voies, entre délégation et coercition. Elles ont réclamé plus de coopération et de transversalité entre équipes et reporté les responsabilités au plus proche du terrain, c'est-à-dire au plus proche du client. Elles ont aussi, et souvent simultanément, voulu reprendre la main sur des organisations qui leur échappaient, en recourant au « trio infernal » : *process*/objectifs-indicateurs de performance/*reporting*. Dans le post-taylorisme industriel, l'injonction paradoxale est d'être autonome et de travailler selon des procédures très précises. Comme si dans les carrefours routiers on ajoutait systématiquement des feux tricolores aux ronds-points...

NEW PUBLIC MANAGEMENT ET *LEAN ADMINISTRATION*

Les réformes inspirées par le *new public management* visent à moderniser les fonctions publiques en s'inspirant du fonctionnement, réel ou supposé, des structures privées réputées être efficaces et à l'écoute de leurs clients. Ces réformes ont été entreprises dans de nombreux pays européens dans le but de transformer la culture administrative et l'État lui-même. En France, cette « révolution » a été impulsée par l'adoption en 2001 de la Loi organique relative aux lois de finances, mieux connue sous le nom de LOLF. L'application de cette loi a entraîné des changements majeurs, dont les effets restent encore à apprécier[28].

D'un point de vue strictement technique, la loi s'est fixé comme objectif la modernisation des outils budgétaires et comptables à disposition des organismes publics, en substituant une gestion orientée vers les résultats à la traditionnelle gestion

28. Les paragraphes qui suivent sont largement empruntés à Annie Chemla-Lafay, « La lean administration – un choix managérial dangereux », *Revue Cadres CFDT*, septembre 2011, n° 445-446.

par les moyens. Cette inflexion serait indispensable pour mettre les administrations et les ministères au service des objectifs de politique publique et au service des administrés. Il s'agit de construire un appareil administratif qui soit capable de mesurer ses résultats et, éventuellement, de corriger ou d'améliorer ses programmes, ses orientations. La nouvelle architecture de la gestion publique s'articule en missions (lesquelles incarnent les grandes lignes de politique publique) et programmes (définis par des opérations auxquelles sont associés des objectifs, des cibles, des indicateurs de résultat). Ce sont ces outils forgés pour mettre en place une gestion orientée vers les résultats et leur lisibilité (outils comptables, outils de pilotage, outils d'évaluation) qui sont de nature à entraîner la réforme souhaitée de l'État.

À partir de 2007, la mise en œuvre de la LOLF s'est doublée d'une « révision générale des politiques publiques » (RGPP), censée rendre l'État plus efficace et moins coûteux. Plusieurs rapports sur l'évaluation de cette RGPP, de la Cour des comptes[29] au Conseil économique, social et environnemental (CESE)[30] en passant par le Parlement[31], dressent maintenant un bilan sévère de cette réforme. Le gouvernement installé au printemps 2012 a d'ailleurs annoncé qu'il y mettrait fin. L'écart entre les ambitions affichées par la RGPP et ses effets réels semble très important. Loin d'avoir permis une réflexion sur le rôle et la modernisation de l'État, celle-ci s'est réduite dans les faits à un processus de réalisation d'économies et au non-remplacement d'un fonctionnaire sur deux. *In fine*, les dépenses de l'État n'ont

---

29. Cour des comptes, *Les Effectifs de l'État de 1980 à 2008*, Paris, La Documentation française, 2009.

30. Avis du Conseil économique, social et environnemental, *Quelles missions et quelle organisation de l'État dans les territoires ?*, 22 novembre 2011.

31. François Cornut-Gentille et Christian Eckert, *Rapport d'information déposé par le Comité d'évaluation et de contrôle des politiques publiques sur l'évaluation de la révision générale des politiques publiques (RGPP)*, 1er décembre 2011.

pas été jugulées et la RGPP a eu des conséquences négatives sur les services publics, entraînant souvent une dégradation de la qualité de service pour les usagers en plus d'une détérioration de la qualité du travail pour les fonctionnaires. Le manque de concertation avec les agents et les usagers dans sa mise en œuvre a rendu son appropriation et son acceptation impossibles. Le *new public management* s'est transformé en *lean administration*.

La *lean administration* consiste à supprimer temps morts et gaspillages, en réorganisant les procédures afin que le même nombre de personnes puisse faire davantage de travail en un temps donné et en éliminant ce qui est susceptible de ralentir le travail afin de réduire les délais. Cette démarche, prônée par les consultants internes et externes de la Direction générale de la modernisation de l'État (DGME), fait partie du DNO (Document national d'orientation stratégique) des préfectures. Les hôpitaux et les autres fonctions publiques sont incités à s'y mettre également.

Il est vrai que cette modernisation, associée au progrès des technologies, a entraîné des améliorations de certains services rendus. Les déclarations ou paiements en ligne sont un progrès appréciable dans de nombreux cas. Mais, dans le contexte budgétaire de la RGPP, qui fait que le service public est désormais rendu par des fonctionnaires moins nombreux, le *lean management* s'est révélé d'abord un moyen de faire passer la réduction des effectifs. Pis, là où cette réduction entraînait une régression de la qualité du service, les agents publics ont été rendus responsables des défauts et erreurs. En les dénonçant à la vindicte publique et en faisant peser les responsabilités sur l'archaïsme supposé du management et des mentalités dans les administrations, le pouvoir politique a entravé l'adhésion des agents à la modernisation nécessaire.

Même si elle utilise les mêmes mots, la *lean administration* est en fait très largement opposée à la démarche de confiance et d'engagement collectif qui sous-tendait dans ses prémisses le *new public management*. Il était censé donner aux fonctionnaires davantage d'autonomie dans leur travail et répondre à leurs attentes et à leur sens du service public. En réalité, le management par les résultats grâce aux indicateurs qui sont supposés les mesurer, la standardisation de nombreuses tâches et l'injonction concomitante de travailler de manière réactive et créative ne permettent pas de construire un cadre de cohérence et des règles du jeu partagées par l'administration et les administrés. Ils se sont révélés facteurs de désinvestissement, de souffrance et n'ont pas amélioré l'efficacité et l'image de la fonction publique. La démarche de *lean administration* s'est imposée au nom de l'usager, présenté comme un consommateur/donneur d'ordre, aux exigences sans fin et que l'administration doit servir. Par mimétisme avec le secteur marchand, le service public est supposé capable de gagner en permanence en productivité tout en donnant toujours davantage satisfaction aux citoyens « promus » au rang de clients.

Avec au bout du compte cette question : faire toujours plus et plus vite avec des moyens réduits peut-il constituer un projet de modernisation et de progrès, pour les fonctionnaires comme pour les usagers[32] ?

Les transformations du droit du travail

La période récente a été marquée par plusieurs évolutions importantes du droit du travail. On mentionnera en particulier le nouvel article 1er du Code du travail, introduit par la loi du 31 janvier 2007, qui stipule que « tout projet de réforme envisagé par le gouvernement qui porte sur les relations

32. Voir les actes du séminaire « Management et réorganisation : entre bricolage gestionnaire et recherche de sens » organisé par l'OdC le 28 mai 2010 à propos des mutations en cours dans les fonctions publiques (disponibles sur le site http://www.cadrescfdt.fr/lobservatoire/les-actes-002494).

individuelles et collectives du travail, l'emploi et la formation professionnelle et qui relève du champ de la négociation nationale et interprofessionnelle fait l'objet d'une concertation préalable avec les organisations syndicales de salariés et d'employeurs représentatives au niveau national et interprofessionnel en vue de l'ouverture éventuelle d'une telle négociation », et qui prévoit que le résultat de leur négociation a vocation à être repris par la loi. Un des premiers actes du gouvernement installé en mai 2012 a consisté à réunir la Conférence sociale pour fixer un agenda et une méthode sur tous les sujets touchant à l'emploi, à la formation, au travail, à la protection sociale et aux retraites.

UN CONTRAT DE TRAVAIL PLUS FLEXIBLE

Par ailleurs, plusieurs évolutions substantielles sont intervenues, tant en ce qui concerne le contrat de travail et les conditions de sa rupture que les droits des salariés et les obligations de l'employeur.

Reprenant l'accord national interprofessionnel (ANI) du 11 janvier 2008, la loi du 25 juin 2008 portant modernisation du marché du travail a rappelé dans son article premier que « le contrat de travail à durée indéterminée est la forme normale et générale de la relation de travail [33] ». Mais elle ajoutait dans la foulée : « Toutefois, le contrat de travail peut comporter un terme fixé avec précision dès sa conclusion ou résultant de la réalisation de l'objet pour lequel il est conclu. » La nouveauté a consisté à autoriser à titre expérimental pour une durée de cinq ans une nouvelle forme de CDD, pour les ingénieurs et les cadres, dont l'échéance n'est pas fixée mais est liée à la réalisation d'un objet défini dans le contrat. L'article 6 de la même loi dispose ainsi qu'« un contrat de travail à durée déterminée dont l'échéance est la réalisation d'un objet défini, d'une durée mini-

33. Code du travail, art. L. 1221-2.

male de dix-huit mois et maximale de trente-six mois, peut être conclu pour le recrutement d'ingénieurs et de cadres [...]. Le recours à ce contrat est subordonné à la conclusion d'un accord de branche étendu ou, à défaut, d'un accord d'entreprise [...]. Ce contrat prend fin avec la réalisation de l'objet pour lequel il a été conclu, après un délai de prévenance au moins égal à deux mois. Il peut être rompu par l'une ou l'autre partie, pour un motif réel et sérieux, au bout de dix-huit mois puis à la date anniversaire de sa conclusion. Il ne peut pas être renouvelé. »

La loi du 25 juin 2008 portant modernisation du marché du travail a prévu en outre dans son article 5 que l'employeur et le salarié peuvent convenir désormais d'un commun accord des conditions de la rupture du contrat de travail qui les lie[34]. Cette *rupture conventionnelle du contrat de travail* obéit à une procédure spécifique : entretien(s) entre les deux parties, homologation de la convention par les services de l'État. Elle est entourée d'un certain nombre de garanties pour le salarié et ouvre droit au bénéfice de l'allocation d'assurance-chômage. En outre, afin d'éviter les décisions trop hâtives, la loi impose un délai minimum de quinze jours calendaires entre la signature de la convention et sa transmission à l'autorité administrative, permettant ainsi à chaque partie de revenir sur sa décision durant ce délai sans être obligée de motiver sa décision. À l'issue de ce délai de rétractation, une demande d'homologation est adressée à l'autorité administrative qui dispose d'un délai de quinze jours pour éventuellement s'y opposer.

Ce mode de rupture du contrat de travail semble avoir été très vite adopté par les entreprises et les salariés. Plus de 280 000 ruptures ont été homologuées en 2011. Au 30 juin 2011, les ruptures conventionnelles ont représenté 23 % des sorties de CDI pour licenciement, rupture conventionnelle ou démission et, au cours du deuxième semestre, près de deux fois plus que le

34. Code du travail, articles L. 1237-11 à L. 1237-16.

nombre de licenciements économiques[35]. L'hypothèse d'un usage de la rupture conventionnelle comme alternative au licenciement économique n'est donc pas à exclure et semble même probable.

Par ailleurs, la jurisprudence récente de la chambre sociale de la Cour de cassation a donné aux entreprises la possibilité de procéder à des licenciements économiques non seulement pour remédier à des difficultés présentes, mais aussi pour prévenir des difficultés prévisibles, mais non encore avérées. Il s'agit bien d'une extension des motifs économiques du licenciement. Dans ses arrêts du 11 janvier 2006[36], la Cour de cassation a dit pour droit que la réorganisation de l'entreprise constitue un motif économique de licenciement si elle est effectuée pour en sauvegarder la compétitivité ou celle du secteur d'activité du groupe auquel elle appartient ; que répond à ce critère une réorganisation mise en œuvre pour *prévenir des difficultés économiques à venir* liées à des évolutions technologiques et à leurs conséquences sur l'emploi, sans être subordonnée à l'existence de difficultés économiques à la date du licenciement. De même, dans un arrêt du 21 novembre 2006[37], la Cour a admis qu'une réorganisation procédant d'un exercice de gestion prévisionnelle des emplois et des compétences (GPEC) peut être une source de justification des licenciements, sans même qu'il soit fait mention d'une menace avérée pesant sur la compétitivité de l'entreprise.

---

35. « 2011-046. Les ruptures conventionnelles de la mi-2008 à la fin 2010 », *Dares Analyses*, juillet 2011 (voir aussi http://www.unedic.org/Actualites/ruptures-conventionnelles-1).

36. Cass. soc., 11 janvier 2006, n° 04-46.201, Ains c/SA Les Pages Jaunes ; n° 05-40.976, SA Les Pages Jaunes c/Marque ; n° 05-40.977, SA Les Pages Jaunes c/Delporte.

37. Cass. soc., 21 novembre 2006, n° 05-40.656, Baraud et a. c/ société Goodyear Dunlop Tyres France.

UN DROIT À LA PROGRESSION PROFESSIONNELLE ?

D'un autre côté, elle a reconnu que l'employeur a une double obligation à l'égard de ses salariés : non seulement les adapter à l'évolution de leur poste de travail[38] mais aussi maintenir leur employabilité, c'est-à-dire veiller au maintien de leur capacité à occuper non pas simplement leur emploi présent, mais « un emploi », au cas où ils viendraient à perdre le leur.

Si davantage de flexibilité a été introduite s'agissant de la conclusion et de la rupture du contrat de travail, le législateur et la jurisprudence ont imposé dans le même temps à l'employeur de nouvelles obligations pendant l'exécution du contrat de travail. Certains commentateurs vont jusqu'à voir, d'une part, l'émergence d'un *droit du travailleur à la progression professionnelle* et, d'autre part, les premiers traits caractéristiques d'un *droit des salariés à débattre du contenu et de l'organisation de leur travail*, droit qui puise sa source dans l'obligation de sécurité de l'employeur.

Une évolution marquante du droit du travail a été apportée par la loi du 4 mai 2004. Il est stipulé en effet désormais à l'article L. 6321-1 du Code du travail que « l'employeur assure l'adaptation des salariés à leur poste de travail. Il veille au maintien de leur capacité à occuper un emploi, au regard notamment de l'évolution des emplois, des technologies et des organisations ». La portée de cette obligation, qui pèse désormais sur l'employeur de dispenser à ses salariés une formation visant non seulement à les adapter à leur poste de travail, mais aussi de façon plus générale à leur permettre de maintenir leur « employabilité », commence progressivement à apparaître. De récents arrêts de la Cour de cassation l'ont précisé, même s'ils

---

38. Article L. 1233-4 du Code du travail : « Le licenciement économique d'un salarié ne peut intervenir que lorsque tous les efforts de formation et d'adaptation ont été réalisés et que le reclassement ne peut intervenir. »

ne concernent pour le moment que des cas un peu extrêmes. Le plus récent se réfère à des salariés ayant plusieurs décennies d'ancienneté et qui n'avaient reçu aucune formation, alors même qu'ils étaient illettrés[39]. La Cour a reconnu que le fait de n'avoir pas fait bénéficier ses salariés de stages de formation professionnelle constitue pour l'employeur une violation de son obligation de veiller au maintien des capacités professionnelles du salarié, qui cause nécessairement un préjudice à celui-ci dont il appartient au juge du fond d'apprécier l'ampleur.

Les attendus de ces arrêts confortent l'idée de l'émergence d'un droit fondamental du travailleur. L'article L. 6321-1 peut être rapproché en effet de l'article L. 6111-1 selon lequel « la formation professionnelle tout au long de la vie constitue une obligation nationale » et de l'article L. 6314-1 selon lequel « tout travailleur engagé dans la vie active ou toute personne qui s'y engage a droit à l'information, à l'orientation et à la qualification professionnelles et doit pouvoir suivre, à son initiative, une formation lui permettant, quel que soit son statut, de progresser au cours de sa vie professionnelle d'au moins un niveau en acquérant une qualification correspondant aux besoins de l'économie prévisibles à court ou moyen terme [...] ».

Un tel droit à la progression professionnelle impliquerait l'adoption de tous les moyens permettant d'accéder à une qualification supérieure à celle requise par le poste du travail. Mais encore faut-il que le salarié puisse suivre, à son initiative et sans rupture du contrat de travail, une formation lui permettant d'acquérir la qualification correspondant à son expérience, à ses ambitions et aux besoins de l'économie. Cela signifie-t-il qu'il ait la possibilité de faire prendre en charge cette formation dans le cadre du plan de formation de son entreprise ? Ou bien qu'il ait un droit de tirage sur un fonds mutualisé ? Là se situe l'enjeu majeur de ce débat.

---

39. Arrêt du 2 mars 2010 X et autres c/ Société La Tour La Fayette, n° 09-40.914 à 917 ; voir aussi Cass. soc., 23 octobre 2007, n° 06-40.950, Syndicat professionnel Union des opticiens c/ Soulies et Pauleau.

DES LIMITES AU POUVOIR DE L'EMPLOYEUR

La Cour de cassation a posé quelques digues face à la montée des nouvelles techniques d'évaluation et de direction par objectifs mises en œuvre dans les entreprises. Elle a admis qu'indépendamment de toute intention de nuire, un harcèlement moral pouvait être inhérent à certaines méthodes de gestion : « Peuvent caractériser un harcèlement moral les méthodes de gestion mises en œuvre par un supérieur hiérarchique[40]. » Elle a reconnu au juge le droit de suspendre la mise en œuvre de modes d'organisation du travail susceptibles de compromettre la santé mentale des salariés[41]. Apparaissent ainsi les linéaments d'un droit des salariés à débattre du contenu et de l'organisation de leur travail, droit qui puise dans l'obligation de sécurité de l'employeur une force normative beaucoup plus forte que celle dont pouvait disposer le « droit d'expression directe » instauré en 1982 par les lois Auroux[42].

La brèche a été ouverte par la lutte contre le harcèlement, qui relève du Code pénal. Elle s'est élargie à la lutte contre les discriminations (selon le genre, l'âge, l'origine ethnique, la préférence sexuelle). Avec la montée en puissance de la faute inexcusable dans le cadre des obligations de résultat sur la santé-sécurité au travail, le droit de la Sécurité sociale a pris le relais. Dans deux arrêts récents, les juges ont fait clairement le lien entre le temps, la charge de travail, l'organisation du travail et le management, l'évaluation et la santé. Le 29 juin 2011, la Cour de cassation a érigé le droit au repos au rang des exigences constitutionnelles à propos des limites du forfait. Le lendemain, le 30 juin 2011, la cour d'appel de Paris a reconnu la faute

---

40. Cass. Soc., Arrêt du 10 novembre 2009, *Association Salon vacances loisirs*, n° 07-45321.

41. Cass. Soc., Arrêt du 5 mars 2008, Snecma, n° 06-45888.

42. Alain Supiot, « Fragments d'une politique législative du travail », *Droit social*, décembre 2011, p. 1155.

inexcusable de l'employeur pour un accident cardiaque consécutif à une surcharge de travail.

Si l'employeur tient toujours de son pouvoir de direction le droit de fixer des objectifs et d'évaluer les salariés, tout n'est pas possible. Les juges sont appelés à se prononcer sur la validité des critères et des méthodes utilisés. Dans l'arrêt Mornay (28 novembre 2007), la Cour de cassation a fait de la consultation du CHSCT une obligation pour la mise en œuvre d'entretiens annuels d'évaluation, s'agissant des « moyens et techniques permettant un contrôle de l'activité des salariés », au motif que l'entretien peut comporter des enjeux de « nature à générer une pression psychologique entraînant des répercussions sur les conditions de travail ». En application de cette jurisprudence, la cour d'appel de Toulouse a suspendu en septembre 2011 le déploiement d'un système d'évaluation des cadres d'Airbus intégrant des « critères comportementaux non conformes aux exigences légales[43] ».

On le voit, ces évolutions du droit du travail ne sont pas univoques. D'un côté, s'agissant des modalités de rupture du contrat de travail, une flexibilité certaine a été introduite par la loi qui, pour l'essentiel, reprenait les conclusions d'une négociation entre partenaires sociaux. De l'autre, des obligations nouvelles pèsent désormais sur les employeurs pendant l'exécution du contrat de travail : maintenir l'employabilité de leurs salariés (et même la faire progresser), veiller strictement à leur santé physique et mentale. Ces nouvelles obligations peuvent constituer une limite au pouvoir de l'employeur de déterminer seul l'organisation du travail dans son entreprise. Mais leur portée reste encore trop incertaine, pour qu'on puisse y voir les prémices d'un nouveau *deal* social.

---

43. Xavier Baron, « Les juges français face à l'entretien d'évaluation », *Metis Europe*, 16 septembre 2011 ; voir également Xavier Baron, *La Performance collective. Repenser l'organisation des travailleurs du savoir*, Paris, Éditions Liaisons, 2012.

Sur ces questions juridiques, modalités de rupture du contrat de travail, progression professionnelle, pouvoir sur l'organisation du travail, la situation des cadres apparaît comme ce miroir grossissant des transformations du travail et du lien salarial. Considérés comme mieux armés pour affronter individuellement ces transformations, ils sont aussi ceux qui ont le plus à y perdre.

CHAPITRE IV

Nouvelle carte d'identité

Le moral des cadres n'est pas au beau fixe. Interrogés lors d'une enquête réalisée par l'Apec en 2010, 51 % des cadres estiment que la situation générale des cadres dans les entreprises a évolué négativement depuis dix ans, alors que 19 % pensent qu'elle a évolué dans un sens positif et 10 % qu'elle n'a pas changé. Ils n'étaient que 12 % à porter le même jugement négatif en 1990. Ces mêmes cadres sont cependant plus nuancés quand ils se prononcent sur l'évolution de leurs propres conditions de travail depuis dix ans : 51 % la jugent négative contre 47 % de jugements positifs. Il faut donc bien distinguer les éléments factuels qui ont entraîné des modifications dans l'emploi des cadres (critères de reconnaissance statutaire, relation contractuelle, pratiques de travail…), de la perception de leurs conditions de travail par les cadres eux-mêmes.

Doctrines et pratiques du management

Les pratiques de management s'appuient toujours sur des théories ou doctrines qui en constituent en quelque sorte l'argumentaire, les justifiant aux yeux des entreprises comme à ceux des managers et des salariés. C'est vrai pour le secteur privé comme pour les secteurs associatif, coopératif ou public.

APPRENDRE À DANSER

Dans leur livre *Le Nouvel Esprit du capitalisme*[1], Luc Boltanski et Ève Chiapello analysent précisément les discours des théoriciens du management et mettent en évidence le changement de leur contenu depuis les années 1960.

Le « capitalisme managérial[2] », caractéristique d'une bonne partie du XXe siècle, a délégué la gestion opérationnelle de beaucoup d'entreprises à des directeurs salariés. La *motivation des cadres* était un objet important de la littérature de management, qui recherchait leur implication maximale au service de l'entreprise en reconnaissant leur désir de jouer un rôle utile dans la société indépendamment de l'accumulation d'un patrimoine. Les cadres avaient le sentiment d'incarner la modernité et le Progrès, avec un P majuscule. Ils se sentaient souvent à l'étroit dans un mode de gestion centralisé, paternaliste et quasi autocratique, hérité des entreprises familiales. Les livres de management plaidaient pour la décentralisation, la méritocratie, la direction par objectifs.

Rapidement la motivation des cadres n'est plus traitée que comme un cas particulier des problèmes posés par la *mobilisation générale de l'ensemble des salariés*. Dans les années 1990, les manuels de management véhiculent des discours comportant une attaque en règle contre les hiérarchies, assortie d'une apologie de la concurrence, du changement permanent, des organigrammes flexibles et innovants, des organisations agiles qui

1. Luc Boltanski, Ève Chiapello, *Le Nouvel Esprit du capitalisme*, *op. cit.*

2. L'expression apparue après la crise de 1929 est reprise et systématisée par J. K. Galbraith en particulier dans son livre de 1967, *Le Nouvel État industriel*, pour exprimer le divorce entre la propriété du capital et l'exercice réel du pouvoir.

doivent se substituer aux lents mastodontes. L'éléphant IBM « apprend à danser[3] ».

Pourtant les entreprises ne sont pas totalement diluées dans un réseau informel. À défaut d'organisation hiérarchique, il faut trouver les moyens de faire converger les centres de profit autonomes et auto-organisés et sur lesquels repose désormais la performance. À la motivation individuelle est préférée la mobilisation autour d'un projet d'entreprise proposé par des dirigeants visionnaires. Entrent alors en scène ces « leaders », leur charisme et leurs anticipations de l'avenir. Ils sont censés obtenir l'engagement des travailleurs en donnant du sens au travail de chacun. Le tailleur de pierre doit savoir qu'il construit une cathédrale. Tout semble reposer sur les épaules d'êtres exceptionnels, qu'on ne sait pas comment former, comment recruter ni comment évaluer ; ce qui justifiera à leurs yeux et aux yeux de conseils d'administration complaisants leur rémunération de plus en plus élevée !

Dans ce schéma, les cadres traditionnels des années 1960 sont en perte de vitesse. Leur statut est vu comme étant une survivance des bureaucraties et un frein aux changements et adaptations nécessaires. On clame qu'il n'y a aucune justification à maintenir le statut cadre en France, qui d'ailleurs, dit-on, n'existe pas dans les autres pays. Les managers doivent devenir des animateurs d'équipe, des catalyseurs, des visionnaires, des donneurs de souffle. Les auteurs des traités de management entérinent la dichotomie entre le profil des managers et celui des experts, alors que dans les années 1960 on espérait pouvoir, grâce à un bon système rationnel de direction et de formation, faire de tout ingénieur compétent un manager dévoué.

Tous les salariés doivent être mobiles. Les salariés qualifiés ne feront plus carrière dans une seule entreprise, ils passeront d'un projet à l'autre. Leur réussite sur un projet est censée

---

3. Louis Gerstner, président d'IBM de 1993 à 2002 a fait le bilan de la renaissance de Big Blue dans un livre intitulé *J'ai fait danser un éléphant*, Paris, Village mondial, 2003.

signifier une hausse de leur employabilité et de leur valeur marchande sur le marché du travail, et leur permettre d'accéder à des projets plus intéressants. Mais ceci signifie aussi que la carotte de la carrière ascendante devient moins efficace. Avec la réduction de la hauteur des pyramides, les espérances de progression dans la hiérarchie sont plus rares[4]. Peut-on vraiment faire carrière en enchaînant les projets ?

DÉSTABILISATION, BANALISATION, TRANSFORMATION

Il n'est pas étonnant que le mot clé de nombre d'analyses qui vont suivre a été celui de la « déstabilisation » du groupe socioprofessionnel des cadres. La plupart des travaux des chercheurs en sciences sociales prennent acte d'un vaste mouvement de banalisation du « statut » cadre, voire de la fin de la figure sociale du cadre et de ses prérogatives.

Les travaux menés par Paul Bouffartigue[5] mettent en évidence le processus d'insertion progressive des cadres dans la condition de salariés « comme les autres ». En fait, ce n'est pas la disparition de la catégorie dans son ensemble qui est entérinée, mais plutôt le déclin de la figure traditionnelle d'un cadre masculin, détenteur d'une formation technique et scientifique de haut niveau et exerçant une fonction de commandement par délégation de l'employeur. C'est le compromis forgé autour des principes de fidélité et de loyauté entre l'encadrement et les directions d'entreprise qui s'estompe.

L'ouvrage suscité par la CFDT Cadres *Les Cadres au travail*[6] est emblématique d'un regain d'intérêt scientifique pour les cadres et leur travail. Comment les cadres s'adaptent-ils aux

---

4. Nous revenons sur ce point dans le chapitre VI.

5. Paul Bouffartigue *et al.* (dir.), *Cadres : la grande rupture*, Paris, La Découverte, 2001, notamment l'article de Françoise Dany, « Les carrières des cadres à l'épreuve des dispositifs de gestion », p. 207-219.

6. Anousheh Karvar, Luc Rouban (dir.), *Les Cadres au travail. Les nouvelles règles du jeu*, Paris, La Découverte, 2004.

nouvelles règles du jeu : mobilité accrue, individualisation des carrières, outils d'évaluation de la performance, RTT... ? Une enquête a été réalisée par l'organisation syndicale auprès de 7 000 personnes, cadres d'entreprise ou de la fonction publique, et plusieurs chercheurs ont été sollicités pour réfléchir sur les mutations professionnelles intervenues ces dernières années : relations au travail, organisation de carrières, recomposition du lien hiérarchique, application des lois sur la réduction du temps de travail... Le portrait qui en ressort est multiforme et varie selon le diplôme, l'âge, le sexe ou la trajectoire personnelle.

C'est aussi sur ce constat d'une variété de situations et d'une transformation de la catégorie, plutôt que sa banalisation ou sa dilution, qu'insiste l'ouvrage : *Cadres, classes moyennes : vers l'éclatement*[7] *?* Issu du colloque final du groupe de recherche sur les cadres (GDR Cadres), groupement de chercheurs de diverses disciplines qui ont travaillé ensemble pendant dix ans, ce travail resitue la rhétorique du déclassement des cadres dans une dynamique de diversification, d'un éclatement de la catégorie des classes moyennes et surtout offre un tableau très riche des conditions et spécificités du travail des cadres, de leurs carrières, de leurs relations avec la vie extraprofessionnelle et des enjeux de leur représentation politique.

---

7. Paul Bouffartigue, Charles Gadea, Sophie Pochic (dir.), *Cadres, classes moyennes : vers l'éclatement ?*, Paris, Armand Colin, 2011 ; voir notamment la contribution d'Olivier Cousin et Frédérik Mispelblom Beyer, « Le rapport au travail des cadres : un engagement paradoxal », p. 46-55.

Tableau 6 : Quelques thèses et typologies de cadres 1990-2010

Auteurs	*Thèses ou critères de différenciation retenus*	*Typologies*
Boltanski, Chiapello (1999)	Crise de l'identité sociale et professionnelle.	Leader/manager/ expert.
Bouffartigue (2001), Bouffartigue *et al.* (2001)	La grande rupture, la fin d'une figure sociale. Crise et recomposition de l'identité professionnelle.	Cadre/ingénieur. Cadre diplômé/cadre autodidacte. Cadre dirigeant/ cadre hiérarchique/ cadre producteur/ expert.
Dany, Livian (2002)	Différentes promesses de carrière selon les cadres. Employabilité/carrières segmentées.	Cadre nomade. Cadre intermédiaire/ cadre à haut potentiel/manager.
Falcoz (2002)	Segmentation par le potentiel (pratiques de GRH).	Manager à haut potentiel.
Karvar, Rouban (2004)	Recomposition de l'identité professionnelle autour de nouvelles « règles du jeu ».	Manager/expert.
Bouffartigue, Gadea, Pochic (2011).	Éclatement de la catégorie. Flou de la différence cadres/non-cadres, recomposition des frontières.	Cadre moyen/cadre à potentiel. Cadre de l'économie sociale.

Les cadres en question

S'il n'y a pas banalisation générale du travail des cadres, les transformations qui l'affectent signifient néanmoins que certaines prérogatives traditionnelles et identitaires lui échappent en totalité ou en partie, pendant que des fonctions et responsabilités nouvelles lui sont attribuées.

AUTONOMIE ET RESPONSABILITÉ POUR TOUS

Des éléments comme l'autonomie et l'initiative, qui étaient traditionnellement spécifiques aux cadres, sont désormais exigés d'autres catégories de salariés, y compris parmi les ouvriers et les employés. Au regard des salariés d'exécution, les professions intermédiaires et les cadres ont vu leur degré d'autonomie et d'initiative progresser de façon nettement plus modérée. D'après les enquêtes Emploi de l'Insee, la part des cadres qui ont à faire preuve d'initiative pour régler des incidents passe de 1991 à 1998 de 80 à 81 % pendant que la proportion des employés et ouvriers à qui il est demandé le même type d'initiative a crû respectivement de 44 à 52 % et de 37 à 45 %[8].

Cette tendance s'affirme également pour ce qui est de la responsabilité, y compris financière vis-à-vis d'erreurs ou accidents. Le lien entre responsabilité et position statutaire occupée s'est affaibli au fil des ans, quelle que soit l'orientation, administrative, commerciale ou technique, de l'emploi. Ce type de responsabilité, à la fois valorisante et contraignante, est désormais davantage partagé au sein des entreprises.

---

8. Thomas Amossé, Violaine Delteil, « L'identité professionnelle des cadres en question », *Travail et Emploi*, n° 99, juillet 2004. Voir également Thomas Amossé, « Cadres/non-cadres : une frontière toujours consistante », *Les Cadres français et leur diversité*, Apec, mai 1990, p. 32-44.

De la même manière, depuis quelques années l'organisation hiérarchique des entreprises s'est transformée et les responsabilités d'encadrement se diffusent désormais plus largement. Dans des organisations moins pyramidales, de moins en moins de cadres encadrent, alors que l'accès à des fonctions d'encadrement d'équipes est possible pour une large part des salariés. En 1998, seulement 45 % des cadres de moins de dix ans de carrière avaient des salariés sous leurs ordres contre 64 % en 1984. Aujourd'hui, l'opportunité d'encadrer une équipe ou de diriger un service se présente plutôt au milieu de carrière.

Le résultat de cette évolution est paradoxal. D'après l'enquête Apec sur l'évolution du monde des cadres[9], si les cadres se voient toujours jouer un rôle moteur dans la vie d'entreprise (« être cadre » signifie principalement : avoir des responsabilités, gérer des équipes, prendre des décisions, etc.), ils expriment également le sentiment d'avoir moins de pouvoir qu'auparavant. Autrement dit, bien qu'ils continuent de se considérer comme étant un rouage important, ils sont moins les pilotes des stratégies des entités dont ils sont responsables. Ce sentiment se traduit par une perception plus faible de leur statut et de leurs prérogatives. L'identification de la classification à un ensemble partagé de compétences, de responsabilités, de références culturelles et d'états d'esprit devient plus difficile à faire[10].

Être cadre, c'est :	1990	2010
Avoir un statut, mais aussi un état d'esprit, un mode de pensée, des références culturelles partagées.	57 %	39 %

9. *Être cadre aujourd'hui*, Apec, 2010 et *1990-2010 : ce qui a changé chez les cadres*, Apec, mars 2011.

10. Yves-Frédéric Livian (dir.), *Être cadre, quel travail ?*, Lyon, Éditions ANACT, 2006, notamment les contributions de Paul Bouffartigue, Jacques Bouteilleri, « Étudier le travail des cadres », p. 14-35, et de Sophie Pochic, « Regards croisés sur le travail des experts », p. 262-273.

Partager avec les autres cadres des spécificités (missions, travail...).	11 %	10 %
Les cadres ne forment pas un groupe homogène.	14 %	35 %
Le mot cadre ne veut rien dire.	18 %	16 %

Source : Être cadre aujourd'hui, *Apec, 2010 et* 1990-2010 : ce qui a changé chez les cadres, *Apec, mars 2011.*

NOUVELLES DISTINCTIONS

Si ces critères d'appartenance identitaire s'affaiblissent, d'autres ont tendance à s'affirmer. Le diplôme, par exemple, est plus que jamais un élément distinctif. L'explosion quantitative des cadres a surtout bénéficié à partir des années 1980 aux jeunes et aux plus diplômés d'entre eux, ce qui a obéré les perspectives de carrière des « cadres promus » et des « ingénieurs maison ». La proportion de cadres diplômés de l'enseignement supérieur a augmenté de 20 points en vingt ans, passant de 52 à 72 %. Pour être « jeune cadre », la possession du diplôme est devenue indispensable. On constate même un renforcement du poids du diplôme dans la définition des hiérarchies en entreprise. Ce phénomène est confirmé par le fait qu'aux âges élevés, la part des plus diplômés augmente à nouveau. Le diplôme joue un rôle protecteur aussi bien dans la poursuite de la carrière que dans le maintien dans l'emploi.

L'application aux cadres des lois sur la RTT a été un facteur de segmentation du groupe, entre cadres au forfait et cadres intégrés aux horaires de production. Ces derniers se sont alors rapprochés des non-cadres pendant que ceux au forfait s'en distinguaient en ayant la liberté d'organiser leur travail. La mise en œuvre des 35 heures a renforcé l'autonomie dont les cadres bénéficient dans la détermination de leurs horaires et de leur rythme de travail. Le revers de la médaille a été le prolongement de l'activité rendu possible par les outils nomades de communication. La liberté de ses horaires constitue un privilège des cadres qui a un coût en termes de temps de travail hebdomadaire (qui s'alourdit), d'intensification du travail, de sentiment de surcharge de travail et de perméabilité de plus en plus marquée entre activité professionnelle et sphère domestique. Sur ces points, l'écart entre cadres et non-cadres est plus important qu'il y a une dizaine d'années.

Le recours de plus en plus massif aux TNIC dans la réalisation de son travail concourt également à reconfigurer l'activité et l'identité professionnelles des cadres comme on l'a vu au chapitre précédent. Ces nouvelles caractéristiques de l'emploi des cadres plaident pour la thèse de la transformation de la catégorie socioprofessionnelle plutôt que pour celle de sa banalisation ou de sa disparition.

Une relation d'emploi sous tension

Le chapitre précédent a pris acte des changements du droit social et des liens qui lient les salariés et leurs employeurs. Ces changements affectent-ils de façon spécifique les cadres ? La mobilité accrue des cadres, leur « nomadisme » dans un marché du travail davantage internationalisé[11], même s'ils sont limités, invitent à porter l'attention sur les différentes formes de « sortie des cadres », qu'elles soient recherchées ou redoutées.

CONTENTIEUX PRUD'HOMAL

Un indicateur significatif de l'évolution de la relation d'emploi des cadres pendant ces dernières années est le nombre des litiges qui ont été portés devant les prud'hommes sur le motif

---

11. Loïc Cadin, Anne-Françoise Bender, Véronique de Saint-Giniez, *Carrières nomades. Les enseignements d'une comparaison internationale*, Paris, Vuibert, 2003.

du licenciement[12]. Ceux-ci ont fortement progressé au cours des dernières années. Le nombre d'affaires traitées par la section encadrement des conseils de prud'hommes est passé de 14 094 en 1982 à 24 116 en 2000, soit une augmentation de 58,8 % en une vingtaine d'années. Depuis le début des années 1990, ce nombre est à peu près stable, largement au-delà de 20 000 affaires par an. Depuis la création en 1979 des sections « encadrement » dans les conseils de prud'hommes, les cadres ont de plus en plus recours à ces instances. Cette tendance ne s'est pas estompée lorsque la conjoncture économique s'est améliorée, par exemple entre 1997 et 2000. Il faut donc mobiliser d'autres éléments que la montée du chômage pour expliquer cette augmentation.

D'après les études de la DARES, le licenciement pour motif « personnel », c'est-à-dire inhérent à la personne du salarié (qu'il soit fautif ou non fautif[13]), se serait désormais substitué à d'autres modalités de départ comme le licenciement économique. Notamment pour les cadres, il est devenu le deuxième motif d'entrée au chômage, derrière les fins de CDD. Ce phénomène serait la conséquence d'un usage « gestionnaire » du licenciement pour motif personnel dans une situation faiblement circonscrite du point de vue juridique. Cet usage toucherait davantage les salariés plus âgés et les cadres opérant dans les

---

12. Christine Lagarenne, Marine Le Roux, « Les licenciements en 2003 : trois fois plus nombreux pour motif personnel que pour motif économique », *Premières Synthèses*, n° 11, DARES, mars 2006. Voir également Yves-Frédéric Livian, « Une relation d'emploi ordinaire ? », *in* Paul Bouffartigue *et al.*, *Cadres : la grande rupture*, Paris, La Découverte, 2001, p. 51-62.

13. S'il n'existe pas de définition juridique du licenciement pour motif personnel, celui-ci, d'après le Code du travail, doit reposer sur une « cause réelle et sérieuse », c'est-à-dire fondée sur des faits objectifs ayant un caractère sérieux dans la mesure où ils rendent la rupture du contrat inévitable. Une cause réelle et sérieuse de licenciement pour motif personnel peut être non fautive (rendant impossible la continuation du contrat de travail sans pour autant porter dommage à l'entreprise) ou fautive (elle constitue alors une faute susceptible d'empêcher la poursuite du contrat de travail).

secteurs innovants. Il est totalement en phase avec une gestion plus individualisée des salariés.

DES RUPTURES PAS SI CONVENTIONNELLES QUE ÇA

Le contentieux prud'homal n'est que la face visible de la rupture du rapport de travail. L'enquête Cadroscope de l'Apec montre qu'un nombre accru (et méconnu) de fins de contrat passe par des pratiques de départs négociés, c'est-à-dire des ruptures de contrat par le biais de transactions afin d'éviter le contentieux judiciaire. L'introduction de la rupture conventionnelle du contrat de travail (loi de modernisation du marché du travail, 25 août 2008) a donné un cadre juridique à des pratiques existantes, mais sans forcément diminuer leur opacité. Une récente étude du Centre d'études de l'emploi (CEE) montre la grande variété de recours à cette modalité. Elle montre également la difficulté à imputer l'initiative de la rupture, les salariés pouvant être conduits à en revendiquer l'initiative et à « reconstruire » cette rupture en démission, de façon à préserver et à donner une image positive d'eux-mêmes [14], à leurs propres yeux comme aux yeux de leur entourage personnel et professionnel.

Assiste-t-on pour autant à une déstabilisation accrue des cadres *via* le recours « décomplexé » à l'outil du licenciement ? D'après les enquêtes Emploi de l'Insee, les cadres restent relativement épargnés par la précarité : la proportion de cadres ayant une ancienneté de plus de dix ans dans l'entreprise, même si elle tend à se réduire, est plus élevée que celle des autres salariés [15].

---

14. Étude présentée par Dominique Méda, Bernard Gomel et Raphaël Dalmasso le 11 mai 2012 dans le cadre du séminaire « Trajectoires professionnelles et dispositifs publics en action », coorganisé par le CEE, l'IDHE, l'IRES, l'IRISSO, le LEST, le LISE et le Printemps.

15. Les statistiques du BIT citées notamment par Peter Auer et Bernard Gazier dans *L'Introuvable sécurité de l'emploi* (Flammarion, 2006) montraient même une certaine tendance à la hausse autour d'une durée moyenne en Europe de 10,5 années d'ancienneté (contre 6,6 pour un

Le CDI reste largement la forme contractuelle la plus répandue même s'il intègre plus fréquemment des clauses relatives à la mobilité, la formation, la non-concurrence[16].

À noter, comme nous l'avons vu au chapitre précédent, que la relation d'emploi et de confiance s'est aussi affaiblie pour les cadres du secteur public. En suivant le mouvement d'ensemble de la fonction publique, la part des contrats précaires parmi les cadres du public est passée entre 1990 et 2009 de moins de 1 à 11 %, alors qu'elle progressait de 2,6 à 5,2 % dans le privé.

Femmes et hommes toujours pas logés à la même enseigne[17]

La proportion de femmes parmi les cadres n'a cessé d'augmenter ces dernières années. Aujourd'hui, près de 40 % de l'ensemble des cadres sont des femmes, de même que plus de la moitié des jeunes diplômés de niveau bac + 4 et au-dessus qui trouvent un premier emploi au statut cadre.

Pourtant, la comparaison des situations professionnelles des femmes et des hommes révèle le maintien de différences importantes, au plan des secteurs d'activité, des fonctions

---

Américain), cadres et non-cadres confondus. La moyenne statistique cache le fait que certains sont de plus en plus précaires pendant que d'autres sont stables. Les auteurs montraient également les effets bénéfiques pour la productivité de durées d'emploi supérieures à dix ans.

16. Voir Florence Palpacuer, Amélie Seignour, Corinne Vercher, *Sorties de cadre(s). Le licenciement économique pour motif personnel, instrument de gestion de la firme mondialisée*, Paris, La Découverte, 2007 et Maria-Teresa Pignoni, Patrick Zouary, « Les nouveaux usages du licenciement pour motif personnel », *Premières Synthèses*, n° 28, DARES, juillet 2003.

17. L'OdC a tenu le 27 mai 2011 un séminaire intitulé « Égalité professionnelle : avancées et résistance côté cadres » (actes disponibles sur le site http://www.cadrescfdt.fr/lobservatoire/les-actes-002494).

exercées, des parcours de carrière comme des rémunérations perçues. Le choix de filières de formation différentes, la typologie des postes occupés, l'impact de l'arrivée des enfants dans le couple, tous ces éléments se combinent pour former le désormais traditionnel « plafond de verre », à savoir l'ensemble des obstacles non formulés qui séparent les femmes du sommet des hiérarchies professionnelles et organisationnelles.

La scolarisation accrue des femmes n'a pas fait disparaître les inégalités entre hommes et femmes dans la vie professionnelle. L'hypothèse d'un simple effet d'hystérèse pour expliquer le moindre accès des femmes aux niveaux supérieurs de la hiérarchie n'est pas suffisante. La croissance du nombre des femmes diplômées et/ou qui occupent un emploi de cadre ne s'est pas accompagnée d'une progression proportionnelle des femmes au sein de l'encadrement supérieur. Celle-ci ne se fera pas sans une action réfléchie et volontariste. Dans la construction du « plafond de verre », d'autres déterminants existent, qui renvoient aussi bien aux pratiques des organisations qu'aux choix familiaux des femmes et des couples.

DES INÉGALITÉS SONNANTES ET TRÉBUCHANTES

Les processus de recrutement, de promotion, de développement de carrière ne sont pas neutres au regard du genre. Si une lecture rapide des données statistiques peut laisser penser que l'égalité professionnelle est en marche, de nombreuses recherches mettent en évidence la persistance de modèles managériaux issus des modèles masculins d'autorité et l'existence d'une gestion sexuée des compétences et des carrières.

Un premier élément de différenciation est constitué par le choix des filières de formation, qui oriente de manière précoce les carrières et a des conséquences importantes sur les fonctions occupées et les niveaux de rémunération. D'après une enquête récente de l'Apec (2011), par exemple, 34 % des hommes cadres sont diplômés d'une école d'ingénieurs contre 16 % des femmes cadres. À l'inverse, certaines filières de formation initiale (par exemple les sciences humaines) sont davantage empruntées par les jeunes filles. Cette répartition sexuée a des effets non négligeables dès le début de la carrière. En 2010, 64 % des diplômés des écoles d'ingénieurs étaient en emploi huit mois après l'obtention de leur diplôme contre seulement 59 % des diplômés bac + 4 et au-dessus de l'université.

Cette différence de situation au moment de l'embauche n'est pourtant pas le point le plus important. D'après les enquêtes de l'Apec, avant 35 ans les femmes occupent des postes proches de ceux des hommes. En revanche, à partir de 40 ans, les inégalités se creusent, la probabilité d'assumer des responsabilités augmente pour les hommes alors qu'elle reste constante pour les femmes. Ainsi, au total, 23 % des hommes cadres occupent un poste « à forte responsabilité » (direction générale ou direction d'un département ou service) contre 11 % des femmes cadres.

Ces différences dans les parcours de carrière se reflètent dans les rémunérations. Les salaires des femmes cadres sont moindres que ceux des hommes, notamment après 40 ans lorsque les cadres sont susceptibles d'accéder à des responsabilités hiérarchiques plus importantes et donc mieux rémunérées. Les différences entre secteurs d'activités et entre fonctions jouent également un rôle, par-delà le niveau de responsabilité exercé. Les femmes sont surreprésentées dans les secteurs de la santé, du social, de la culture (68 % de femmes), mais aussi dans les fonctions de communication (73 %) et de ressources humaines (67 %) dont la rémunération médiane est plus faible. À l'inverse, les fonctions les plus rémunératrices, direction d'entreprise et production industrielle, sont les moins féminisées. Cette concentration des femmes à certains niveaux de la hiérarchie professionnelle et dans certains secteurs d'activité se combine pour maintenir des disparités notables et persistantes en termes de rémunération.

LE PLAFOND DE VERRE

La différence tient aussi au fait que les femmes sont plus nombreuses à connaître des interruptions de carrière et à pratiquer le temps partiel. La maternité constitue encore, et malgré des évolutions réelles en termes de partage des responsabilités au sein des familles et de droit du travail (congé parental d'éducation ouvert aux pères en 1985 et congé paternité depuis 2002), un obstacle à la progression de carrière des femmes. Le recours au temps partiel pour les femmes cadres est fréquent, surtout à partir de deux enfants (14 % pour les femmes qui ont deux enfants, 22 % pour celles qui ont trois enfants), alors qu'il est exceptionnel pour les hommes.

Les contraintes de la vie familiale s'ajoutent alors à celles des organisations pour maintenir les stéréotypes sur la prétendue inaptitude des femmes à occuper des positions d'autorité dans les organisations, qu'on leur impute un manque d'agressivité, d'esprit de compétition, de vision stratégique ou qu'on les soupçonne d'une moindre disponibilité à se consacrer à la cause de l'entreprise (en termes de temps de présence, d'investissement subjectif, de mobilité territoriale ou internationale...). Que ces stéréotypes soient désormais souvent habillés en termes positifs – les femmes seraient plus humaines, plus à l'écoute, plus pragmatiques, plus détachées du prestige attaché aux positions professionnelles – ne change pas fondamentalement les choses. Ces « qualités » sont mises en avant pour leur refuser l'exercice du pouvoir.

Il est frappant de noter que le niveau de responsabilité exercée s'accroît pour les hommes avec le nombre d'enfants, tandis que pour les femmes il n'y a pas de lien entre le nombre d'enfants et le fait d'assumer des responsabilités. Une des explications probables est que, dans les familles où il y a plusieurs enfants, les femmes ont tendance à interrompre leur activité pendant quelques années ou à travailler à temps partiel, libérant ainsi l'homme qui peut se consacrer entièrement à sa carrière en jouissant du confort et de la sécurité affective. L'inverse est, en France au moins, tout à fait improbable. Repos du guerrier, pour les uns, double journée de travail, pour les autres, nous peinons à sortir de ce partage des rôles dans la société.

L'augmentation du nombre de divorces, de familles recomposées, de familles monoparentales et du célibat, le recul de l'âge pour avoir un premier enfant, la birésidentialité (la semaine sur le lieu de travail, le week-end en famille), la charge des ascendants en fin de vie comme la progression des familles homoparentales sont des faits importants. Le plafond de verre, symbole de carrières linéaires et de familles nucléaires hétérosexuelles, toutes deux « pour la vie », volera-t-il en éclats sous l'effet de ces transformations ? Sera-t-il alors remplacé par d'autres obstacles aussi invisibles et insidieux ? Verra-t-on des progressions professionnelles calquées sur le rythme des gardes alternées et la santé des parents âgés ?

Intéressantes sont les stratégies professionnelles des jeunes femmes cadres qui refusent cette assignation aux postes moins rémunérés et la fatalité du plafond de verre. Elles bousculent aussi bien les stéréotypes en vigueur sur le marché du travail que les traditions dans les relations familiales, comme en témoignent les couples qui essaient de trouver de nouvelles solutions aux problèmes de conciliation travail/famille. On peut toutefois remarquer qu'un niveau élevé de rémunération est un atout majeur pour limiter les influences négatives sur la vie professionnelle des contraintes personnelles, quelles qu'elles soient. Les crèches d'entreprise ne sont pas si nombreuses et les grands-parents sont occupés ailleurs. En l'absence de solutions collectives, celles qui permettent de concilier au mieux les points de vue professionnel et familial sont souvent aussi les plus coûteuses.

En outre, le rôle de la cooptation et de l'insertion dans des réseaux sociaux et affinitaires (l'annuaire des « anciens de la même promo ») n'est pas sans conséquence sur les carrières, conduisant à privilégier le semblable et l'homogène. Plus généralement, la révision du modèle de carrière dominant parmi les cadres – celui de la reproduction des élites, masculines, blanches et formées dans les mêmes (grandes) écoles – ouvrirait la voie à la valorisation des diversités dans les parcours professionnels et les cultures managériales.

La question reste de savoir si ces combats permettront d'atteindre l'égalité entre femmes et hommes et serviront plus globalement à forger des solutions à l'ensemble des problèmes de discrimination et de ségrégation qui, notamment pour les cadres, ne se limitent pas aux questions de genre. L'origine, la couleur de peau, mais aussi l'appartenance militante à une organisation syndicale, constituent d'autres facteurs majeurs qui font que professionnellement « nous sommes tous égaux, mais certain(e)s le sont plus que d'autres ».

Immatériel ne veut pas dire léger

De nombreuses publications insistent quant à elles sur le caractère de plus en plus immatériel du travail en général et de celui des cadres en particulier. Le travail qu'ils accomplissent est peu visible, il est « immatériel », intangible, discursif ou langagier pour le dire comme Valérie Brunel[18]. Aucune ne conclut qu'il en serait devenu plus léger et plus facile à porter.

Interrogés par l'Apec sur la nature de leur activité, les cadres répondent pourtant que celle-ci est d'abord opérationnelle pour 41 % de leur temps. Le reste du temps est réparti de manière quasi égale entre l'animation d'équipe (18 % de leur temps), la gestion administrative (20 %) et les relations extérieures à l'entreprise (21 %). Les cadres hiérarchiques consacrent un tiers de leur temps à la production opérationnelle alors que celle-ci représente la moitié de l'activité des cadres non hiérarchiques. De façon générale, les cadres semblent soucieux d'affirmer leur « opérationnalité » : celle-ci varie fortement selon le genre (les hommes occupent plus souvent une position managériale que les femmes) et la fonction

18. Valérie Brunel, *Les Managers de l'âme. Le développement personnel en entreprise, nouvelle pratique de pouvoir ?*, Paris, La Découverte, 2008.

occupée. Mais cette définition « opérationnelle » de l'activité ne contredit pas son caractère immatériel : les cadres dont l'activité est centrée sur la production opérationnelle sont par exemple les informaticiens et les cadres-experts des bureaux de R&D, ceux qui sont aussi qualifiés de « travailleurs du savoir ».

UNE VALEUR INCOMMENSURABLE

Ce travail intellectuel des cadres est difficilement mesurable. Comme l'écrit Xavier Baron[19] « Dans la production immatérielle, l'effort est déconnecté du résultat. [...] Le salarié donne du temps, certes, mais du temps plus ou moins intelligent, impliqué ou compétent, du temps stressant ou amusant, du temps pénible ou valorisant, fatigant ou "apprenant", du temps utile ou "perdu". Travailler est aussi un plaisir, une opportunité de se réaliser, c'est une condition d'accès à l'identité (l'utilité) sociale. Mais travailler reste toujours une contrainte, au moins pour tous ceux qui n'ont pas d'autre moyen d'accès à des revenus. » Il est illusoire de vouloir mesurer une activité qui doit traiter des situations non répétitives, qui comporte de nombreuses tâches « créatives » et exige une part d'improvisation s'appuyant sur des cadres référentiels et des savoir-faire issus de l'expérience et de la pratique.

Longtemps, la productivité du travail a été associée à l'idée de dépense de force, voire à celle de fatigue. Dans cette conception mécanique du travail, il est considéré comme un matériau quantifiable que l'on pourrait additionner, diviser, répartir... Quand le travail devient principalement immatériel, on en sait beaucoup moins sur « comment », « où » et « quand » les gens travaillent. C'est une des raisons qui justifient qu'on définisse la durée de travail des cadres par un nombre de jours plutôt

---

19. Xavier Baron, *La Performance collective. Repenser l'organisation des travailleurs du savoir*, Paris, Éditions Liaisons, 2012, notamment le chapitre 8.

que par un nombre d'heures. Il n'est plus possible de dissocier brutalement, comme le faisait le taylorisme, les activités répétitives et d'exécution de celles qui demandent un effort d'élaboration intellectuelle et de faire la part entre fatigue physique, fatigue mentale, stress, mais aussi plaisir, épanouissement, satisfaction.

La nature des objectifs à atteindre semble se diluer : si en 2000 77 % des cadres interrogés déclaraient travailler en ayant des objectifs précis, en 2010 64 % étaient dans ce cas[20]. Loïc Cadin insiste sur ce qu'il appelle la « confusion des mandats » donnés aux cadres. Ils se révèlent souvent peu clairs, incohérents ou contradictoires lorsqu'il faut les mettre en œuvre[21]. Cette confusion, toujours très éprouvante, caractérise aussi le secteur public. Les objectifs et les indicateurs quantitatifs y sont présentés comme un mode d'objectivation universel, alors que c'est la rhétorique de la qualité du service public qui est mise en avant. La diffusion du « gouvernement par les indicateurs » et autres outils de gestion des ressources humaines centrés sur l'évaluation individualisée et chiffrée des performances ne fait que réactualiser le projet taylorien visant à mesurer « objectivement » le travail.

Toute la difficulté consiste à penser les modalités nouvelles de la productivité du travail « immatériel » et d'évaluation de la charge de travail correspondante. Il faut ici relayer la proposition originale d'Yves Lasfargue[22] quand il préconise de

---

20. Enquête Cadroscope de l'Apec.

21. Séminaire de l'Observatoire des cadres du 16 septembre 2011. Loïc Cadin est professeur à l'ESCP ; ses travaux portent sur les carrières et le métier de manager (voir le site http://www.cadrescfdt.fr/lobservatoire/les-actes-002494).

22. Yves Lasfargue, « Mesurer l'ergostressie pour réussir le partage du travail dans la société de l'information », *Revue Personnel de l'ANDCP*, juillet 1997, n° 381 ; et Yves Lasfargue et Pierre Mathevon, *Qualité de vie et santé au travail*, Toulouse, Octares éditions, 2008 ; dans cet ouvrage les auteurs proposent un « kit de mesure de la pénibilité et du bien-être dans la société de l'information » composé d'une série de 10 tests qui aident le lecteur à

travailler à la définition d'une unité de mesure qu'il nomme l'« ergostressie », nouvel indicateur « de pénibilité et de bien-être dans la société de l'information », combinant la fatigue physique, la fatigue mentale et le stress, mais aussi le plaisir et la satisfaction au travail.

TOUS STRESSÉS ?

L'enquête Climat réalisée en 2011 par l'Apec (un sondage auprès d'un large échantillon de cadres qui porte sur les opinions concernant différents aspects de la vie professionnelle) révèle que la moitié des cadres jugent leur charge de travail correcte. Il existe des écarts sensibles selon les fonctions occupées et la typologie de responsabilité assumée. 37 % des cadres de la fonction Informatique jugent leur charge de travail excessive, mais c'est le cas de 58 % des cadres de la fonction Production industrielle. 57 % des cadres ayant des tâches d'encadrement jugent leur charge de travail excessive contre 36 % des cadres n'exerçant pas de responsabilité hiérarchique. Ce résultat souligne, une fois de plus, les difficultés liées au management des personnes : les cadres qui encadrent une équipe expriment davantage le sentiment de travailler dans l'urgence.

Cette enquête établit un lien entre la charge de travail, le sentiment de travailler dans l'urgence et la satisfaction au travail. Lorsque la charge de travail est considérée comme normale, le sentiment de travailler dans l'urgence est très atténué. En revanche, parmi ceux qui jugent leur charge de travail excessive, seuls 43 % déclarent être satisfaits de leur travail, contre 85 % de ceux qui estiment leur charge de travail correcte. Parmi ceux qui déclarent ne pas être satisfaits de leur équilibre vie privée/vie professionnelle, 75 % jugent leur charge de travail excessive,

---

développer sa lucidité afin de pouvoir mieux maîtriser sa charge et son temps de travail (voir aussi le site de l'OBERGO, observatoire du télétravail, des conditions de travail et de l'ergostressie : http://www.ergostressie.com/).

alors que ce n'est le cas que de 30 % de ceux qui déclarent en être satisfaits.

Ces résultats méritent d'être commentés. Ils permettent d'aborder la question de la charge de travail sous plusieurs angles et par là d'interroger le contenu même du travail des cadres. La corrélation entre « charge de travail » et « satisfaction de la vie professionnelle » n'est pas à sens unique. On peut penser qu'une charge de travail excessive rend insatisfait. On peut tout aussi bien penser que ceux qui sont satisfaits de leur travail ont moins tendance à juger leur charge de travail excessive. Le fait d'avoir beaucoup de travail et de responsabilités, de travailler dans l'urgence, n'est pas forcément mal vécu par certains cadres qui y voient des indices de leur investissement et de réussite professionnelle, voire de prestige social. La perception positive ou négative de la charge de travail dépend du degré de satisfaction individuelle. Un travail réalisé dans de mauvaises conditions, mal défini, mal reconnu, est vite ressenti comme excessif et est réellement plus épuisant sans être forcément plus important.

L'enjeu tient non seulement à la définition de la charge de travail et de ses expressions pathologiques comme le stress, le sentiment d'être débordé et « qu'on ne va pas y arriver », mais aussi et surtout à la possibilité de sa mesure objective. Le stress est souvent affiché comme un trait saillant du travail des cadres. Ces derniers doivent garantir la performance de l'ensemble. Ils ne comptent plus leur temps et prolongent leur activité chez eux. Le stress des cadres peut impliquer une forte pression sur leurs collaborateurs et les entraîner à leur tour dans la spirale du stress. Symétriquement, les cadres peuvent se mettre en danger en prenant sur eux seuls cette pression afin de protéger leurs collaborateurs.

Le stress est un thème privilégié du discours sur les conditions de travail des cadres, relayé par les centrales syndicales, les CHSCT et repris dans la presse. Un encadrement juridique nouveau sous la rubrique des risques psychosociaux (RPS) et de la santé au travail l'a officialisé.

L'essor de ce discours ne relève pas uniquement du changement objectif des conditions de travail, mais de la façon dont celles-ci sont collectivement vécues et qualifiées. Le stress comme discours et représentation se développe lorsque des acteurs, syndicats, formateurs, consultants, presse professionnelle, etc., se font les porte-parole d'un problème réel qu'ils contribuent à identifier et à énoncer. Formulées dans les termes d'une souffrance individuelle, les difficultés rencontrées dans le travail sont vues comme un problème d'adaptation – ou plutôt d'inadaptation – à une organisation donnée et nécessaire. La question pour l'entreprise ou l'administration est alors essentiellement d'éviter de s'exposer à des situations de non-assistance à personne en danger en repérant de façon systématique les personnes fragiles et le risque dont elles sont porteuses[23]. Les cadres doivent pouvoir analyser l'intensité de leur travail, en mesurer peut-être la charge, en dénoncer les excès, sans adopter les analyses mettant en cause l'inadaptation individuelle et la vulnérabilité de quelques-uns.

ENTRE ADHÉSION ET CYNISME

Cette difficulté à quantifier un travail qui peut pourtant sembler trop lourd ne veut pas dire que les cadres refusent les modèles managériaux qui leur sont proposés. La plupart du temps, ils y adhèrent, ils essaient de tirer leur épingle du jeu, ils gardent un lien identitaire avec leur travail et avec leur entreprise. Une majorité de cadres accepte l'introduction du salaire au mérite et l'individualisation des parcours. La promotion de l'individualisme par les systèmes de gestion comme par l'idéologie ambiante signifie aussi la possibilité d'une reconnaissance

23. Un rapport de l'Association ASTREES (juin 2010) intitulé *Crise du travail : pour un changement des modes de gestion* pointait les risques d'une approche compassionnelle et gestionnaire à la fois des RPS, qui empêche de débattre « ni de ce qu'est le travail bien fait ni des organisations du travail elles-mêmes » (voir le site : www.astrees.org).

du mérite de salariés, qui ne trouvait pas de place dans les systèmes rigides de classification et de promotion à l'ancienneté.

Mais les cadres critiquent les organisations lorsque les modalités appliquées pour juger leur travail ne rendent compte que d'une partie de celui-ci et qu'elles ignorent les compétences qu'ils mobilisent. L'entretien annuel, censé assurer la convergence, autour de critères supposés objectifs, entre les attentes de réussite des cadres et la recherche d'efficacité de l'entreprise, est rejeté lorsqu'il n'atteint pas cet objectif, que les critères d'évaluation sont confus ou opaques et qu'il est synonyme d'injustice ou de discrimination. Nous revenons sur cette question dans le chapitre VI.

C'est cet hiatus, plus que l'appel à la performance et à la compétitivité en lui-même, qui génère le stress ou, pour s'en défendre, les comportements de retrait souvent dénoncés comme des comportements de mercenaires. La méconnaissance et le déni de reconnaissance des conditions individuelles et collectives du travail « immatériel » peuvent ainsi engendrer souffrance, ressentiment ou cynisme.

Ce qui a changé chez les cadres, avant et après 1990

	Identité professionnelle	Relation d'emploi	Rapport au travail
Avant 1990	Organismes professionnels spécifiques (collège cadre dans les CE, Agirc, Apec...). Autonomie et initiative dans l'exercice de l'activité. Implication dans l'organisation/ travail en collectif. Charges d'encadrement et de commandement par délégation.	Contrat « relationnel » ou de « confiance » (loyauté et fidélité du salarié/engagement sur le long terme de l'employeur). Stabilité de l'emploi et promesse de carrière. Méritocratie comme principe de promotion, carrières internes (cadres maison).	« Organisation planifiée » (hiérarchie, programmation, prescriptions des tâches...). Organisation fonctionnelle, bureaucratisation des activités, coordination administrative. Outils de prévision et anticipation (budget, planning...).
Après 1990	Renforcement du diplôme dans la définition de la hiérarchie d'entreprise. 35 heures (forfait jours/années) et nouvelle partition du groupe. Plus de flexibilité dans la gestion du temps et rythmes de travail. Utilisation intensive de l'informatique.	Contrat « transactionnel » (engagement du salarié sur des objectifs/ engagement de l'employeur à court terme). Employabilité et mobilité comme outils de GRH. Individualisation des carrières. Assouplissement du droit de travail (licenciement pour motif personnel,	« Organisation distribuée » (souplesse, travail en réseau et en mode projet, économie du flux...). Management par les objectifs et évaluation individualisée de la performance. Stress, pression des résultats, surcharge de travail, etc. Séparation difficile sphère perso./ professionnelle.

		rupture conventionnelle du contrat de travail…). Différenciation accrue des carrières (cadres moyens *vs.* cadres à potentiel, hommes *vs.* femmes, juniors *vs.* seniors…).	Brouillage des fonctions d'encadrement et d'expertise (manager/expert). Distance accrue entre cadres et directions/sentiment d'exclusion du processus de décision/moins d'influence sur la conduite de l'entreprise.

CHAPITRE V

Des missions à redéfinir[1]

Nous avons tenté dans les chapitres précédents de décrypter les changements économiques, technologiques, juridiques, sociaux susceptibles d'affecter les cadres, leur travail et leur relation au travail et à leur entreprise. Il faut maintenant caractériser plus précisément en quoi consiste leur travail. Que font-ils ? À quoi servent-ils ? C'est à partir de cette compréhension que nous pourrons, dans la dernière partie de ce livre, alerter et faire des propositions pour améliorer aussi bien l'efficacité des organisations que le vécu des cadres qui souhaitent « bien faire » leur travail.

Deux voies complémentaires ont été empruntées quant à la définition des cadres. La première privilégie le plan des représentations sociales. Elle s'inscrit dans la suite du travail sur

1. Des versions provisoires de ce livre et en particulier des chapitres V et VI ont été mises en débat lors d'un colloque organisé par l'OdC le 29 mars 2012 à la Bourse du travail à Paris, à l'occasion du quinzième anniversaire de l'OdC. Une table ronde animée par Dominique Seux et Bernard Masingue a réuni Ève Chiapello, Barbara Dalibard, François Chérèque, Thierry Pech et Pierre Rosanvallon. Leurs réflexions ont nourri l'écriture de ce livre. Des extraits de leurs interventions sont insérés ici et dans le chapitre suivant.

l'invention et le « triomphe » d'un groupe social[2], et plus récemment des analyses sur les cadres en tant que composante de classes « à la dérive[3] ». La seconde, que nous explorons ici, consiste à tenter de comprendre quel est leur travail et quelles sont les transformations qu'il subit[4].

Pourquoi des organisations ?

S'il n'y a pas d'organisation sans cadres, la réciproque est vraie : il n'y a pas de cadre sans organisation. Même si les statistiques peuvent inclure dans la catégorie des cadres les professions libérales ou artistiques, leur première caractéristique, qu'ils soient ingénieurs, commerciaux, administratifs ou financiers, est d'exercer leur activité au sein et au service d'une entreprise ou d'une administration. Les premiers ingénieurs appelés à des fonctions d'encadrement l'ont été en réponse au progrès technique et à l'accroissement de la taille des entreprises.

Davantage sans doute que son statut public ou privé, les objectifs que se fixe une organisation déterminent largement le contenu du travail des cadres. S'organiser n'a pas le même sens pour tout le monde. La langue anglaise distingue *to arrange*, *to organize* et *to plan* afin d'insister respectivement sur la pertinence d'une organisation adaptée au problème à résoudre, sur

2. Luc Boltanski, *Les Cadres. La formation d'un groupe social*, *op. cit.* Voir aussi le chapitre III du présent ouvrage.

3. Louis Chauvel, *Les Classes moyennes à la dérive*, Paris, Le Seuil, 2006. À noter toutefois que les cadres et les classes moyennes ne se confondent pas. Louis Chauvel propose d'y inclure « de larges fractions des cadres et professions intellectuelles supérieures ». Dominique Goux et Éric Maurin, dans leur livre *Les Nouvelles Classes moyennes*, Paris, Le Seuil, « La République des idées », 2012, n'y incluent pas les cadres qui selon eux « continuent de représenter une partie des classes supérieures davantage qu'un élément des classes moyennes ».

4. Yves-Frédéric Livian (dir.), *Être cadre : quel travail ?*, *op. cit.*

l'efficacité pratique d'une organisation qui permet de ne rien oublier ou d'ordonner ses idées, ou sur la nécessité de décider à l'avance de la durée ou de l'ordre du jour d'une réunion par exemple.

Par ailleurs la sociologie des organisations, développée et popularisée en France par Michel Crozier[5] dans la suite des travaux de James March et Herbert Simon aux États-Unis, a montré qu'on ne peut jamais réduire les organisations aux organigrammes, principes et règles qu'elles se donnent et qu'il est essentiel de tenir compte des écarts entre « le prescrit et le réel » et des relations entre « l'acteur et le système » pour comprendre « comment ça marche en vrai ».

Nous n'allons pas ici reformuler les analyses du fonctionnement réel des organisations, ni scruter les enjeux de pouvoir qui les traversent, ni définir les conditions qui les poussent à évoluer ou au contraire les font dépérir[6]. Notre propos n'est pas de juger des motifs qui font préférer la « main visible » d'une organisation à la « main invisible » du marché pour augmenter l'efficience des transactions nécessaires à l'activité économique[7]. Il n'est pas non plus de critiquer les justifications dont se parent

---

5. Michel Crozier, Erhard Friedberg, *L'Acteur et le système. Les contraintes de l'action collective,* Paris, Le Seuil, 1977.

6. Voir à ce sujet Jean-Michel Saussois (dir.), *Les Organisations. État des savoirs,* Paris, Éditions Sciences humaines, « Ouvrages de synthèse », 2012.

7. Dans un article célèbre publié en 1937 (« The nature of the firm »), Ronald Coase démontrait que les agents préfèrent recourir à un mode de coordination alternatif, fondé sur la hiérarchie et non sur le système de prix, à partir du moment où les coûts de transaction liés à la coordination marchande dépassent ceux liés à la coordination hiérarchique. Ensuite, Oliver Williamson (1975) a approfondi l'analyse de Coase en précisant à quelles conditions de comportement et d'environnement des agents la coordination par la hiérarchie est plus économique que la coordination par le marché. Depuis, cette question reste âprement discutée par les tenants de « l'économie des coûts de transaction ». Voir à ce propos François Aymard-Duvernay, *Économie politique de l'entreprise, op. cit.*

les modes qui font alterner les organisations pyramidales, les structures matricielles, par projet, en réseau 2.0 ou « sans coutures ». Nous souhaitons simplement tenter de comprendre ce qui change pour les cadres selon l'orientation et les objectifs de l'entreprise ou de l'administration dans laquelle ils travaillent.

Le but d'une organisation n'est pas seulement de s'organiser pour être organisée (même si cela arrive quelquefois). Les membres d'une organisation se coordonnent et coopèrent pour réaliser un travail qu'il n'est pas possible de faire seul, et atteindre collectivement un objectif. Nous proposons de retenir schématiquement trois objectifs généraux : rationaliser, innover, personnaliser, avec l'intuition que ceux-ci conditionnent très largement le fonctionnement des organisations et le travail des cadres qui les « font vivre » grâce à leurs savoirs et à leur rôle d'animation et d'entraînement. Nous reviendrons plus loin sur la distinction courante entre les filières « expert » et « management » au sein de la population des cadres. Contentons-nous ici de quelques réflexions sur le travail d'expertise et le travail de management, sans préjuger de qui l'accomplit.

DE LA FORD T À LA *KILLER APP*[8]

Lorsqu'au tournant du XIXe au XXe siècle, l'entreprise Singer crée une organisation mondiale intégrant la production, la distribution et la maintenance des machines à coudre, son objectif est de maîtriser l'ensemble des maillons de ce que l'on appellerait aujourd'hui sa « chaîne de valeur ». Depuis le Singer Building, la

8. En langage *geek* (prononcer guik et ne pas confondre avec les *nerds*, ni bien sûr avec les *hackers*), une *killer application* est un nouveau service ou produit tellement attrayant (un *must have* si l'on préfère) qu'il vous pousse irrésistiblement à l'achat d'un nouveau matériel pour le plus grand bonheur du fabricant, lequel dès cet instant ne pense plus qu'à proposer une nouvelle *killer app*. Un article d'avril 2011 à propos des smartphones s'interrogeait ainsi « 300 000 applications mais combien de *killer apps* ? » (www.trendastic.com).

plus haute tour de Manhattan lors de sa construction en 1908, les dirigeants veulent organiser rationnellement un ensemble intégré et cohérent. Ils représentent 80 % du marché mondial de la machine à coudre et ne peuvent continuer à dépendre des fantaisies de revendeurs indépendants. Cette ambition de maîtriser et de dominer son marché prend aujourd'hui d'autres formes et Microsoft, Goldman Sachs, Arcelor Mittal ou LVMH disposent de moyens incomparablement plus puissants que les dirigeants de la Singer Sewing Machines Company[9]. Lorsque Henry Ford introduit à grande échelle le travail à la chaîne, il sait qu'il doit embaucher un grand nombre de salariés ayant un faible niveau de formation, s'il veut atteindre son objectif qui est de produire en masse la Ford T « dont le client pourra choisir la couleur, pourvu qu'elle soit noire ». Les gains de productivité sont obtenus grâce à une organisation scientifique utilisant toutes les ressources de la mécanisation, de la segmentation des tâches et des économies d'échelle.

De nombreux secteurs de la production industrielle ou des services, dont l'activité supporte la standardisation et les routines professionnelles, s'organisent aujourd'hui encore en fonction de ces objectifs de maîtrise et de productivité. Ils privilégient pour cela les procédures et les règles selon lesquelles il est possible de faire son travail sans le penser et de le penser sans le faire. Cette logique a été abondamment décrite et il ne serait pas nécessaire d'y revenir si elle ne déterminait pas très directement le travail spécifique des cadres.

L'expertise attendue de ces derniers peut relever de champs disciplinaires différents : sciences de l'ingénieur, vente, marketing, gestion, ressources humaines ou droit. Quel que soit le domaine, ce qui caractérise les savoirs utiles est qu'ils existent indépendamment de l'organisation concrète. Ces savoirs utiles

---

9. Voir sur ce sujet aussi l'histoire des chemins de fer dans Jeremy Rifkin, *La Troisième Révolution industrielle. Comment le pouvoir latéral va transformer l'énergie, l'économie et le monde*, Paris, Éditions Les Liens qui libèrent, 2012.

s'enseignent à l'école et les cadres sont ceux qui, grâce à leur formation supérieure, importent et implantent dans l'entreprise des savoirs stabilisés, reconnus et validés. Ils se distinguent en cela des propriétaires héritiers d'un côté et, d'un autre côté, des agents de maîtrise et de l'ensemble des salariés qui doivent maîtriser des savoirs pratiques issus de l'expérience et peu formalisés. Le savoir est transférable d'une situation à une autre, d'une entreprise à l'autre. Il peut être produit dans les laboratoires et services spécialisés. Il est par construction universel.

Le travail de management des équipes dans ces organisations vise essentiellement à établir des routines en sélectionnant les meilleures pratiques, la *one best way*. La définition de l'organigramme est centrale, l'initiative individuelle jugée essentiellement perturbatrice. Les cadres font respecter les procédures, les cadences et la discipline. Ils sont des chefs qui doivent être obéis avant d'être des « maîtres qui élèvent », sauf dans les situations bien définies des formations en alternance et du rôle de tuteur qui y est associé. C'est ainsi qu'une entreprise s'organise le plus scientifiquement possible pour régner sur un vaste marché et pour atteindre ses objectifs de productivité, produire plus pour moins cher. Grâce à ce mouvement vers toujours plus de rationalisation, de coordination, de prévisibilité, de planification et de standardisation, les gains de productivité ont été considérables tout au long du XXe siècle.

Cet objectif conduit aussi à une mécanisation maximale, qui ouvrira la porte à la financiarisation de l'économie par les besoins en capitaux immobilisés qu'elle génère. Il porte aussi en lui une tendance à la rigidification des organisations et au développement simultané d'un sentiment de dépossession de soi, d'aliénation, de « réification ». Les luttes pour un enrichissement des tâches, pour plus d'autonomie et de responsabilisation se sont développées en réponse aux effets indésirables de cette vision scientifique extrême des organisations productives ou des services publics.

LES MILIEUX INNOVANTS

Mais perfectionner les *process* n'exonère pas longtemps d'innover sur les produits. Les progrès en termes d'organisation, multipliés par les progrès techniques et scientifiques, s'ils ne permettent pas *in fine* d'atteindre leur objectif de domination absolue et leur rêve de monopole sur un marché (les règles antitrust y veillent éventuellement), permettent d'accroître considérablement l'offre disponible. Le client est fait roi arbitrant selon son bon vouloir entre de multiples propositions concurrentes. La compétitivité devient le nouvel impératif. La productivité est d'abord un combat avec soi-même portant sur des volumes et des séries standard. La compétitivité est un combat contre les autres sur des marchés matures, souvent encombrés et qui ne sont plus protégés par des limites nationales ou continentales. Les pays développés cherchent désormais à utiliser leur avantage comparatif, celui de l'innovation, du coup d'avance, de la différenciation, de la déstandardisation. Et cela n'est pas sans conséquence sur les organisations et sur le travail des cadres, comme l'analyse fort bien Pierre Rosanvallon.

Capitalisme d'organisation et capitalisme d'innovation

« Tout en prenant conscience que cette catégorie, du fait de son expansion numérique, s'est beaucoup diversifiée, on peut dire maintenant que le cadre, d'un certain point de vue, est le miroir grossissant du travail. Autrefois existait la coupure entre les exécutants et les encadrants. Aujourd'hui les formes du travail ont changé avec ce qu'on peut appeler le capitalisme d'innovation. Même s'il est juste de dire qu'il y a eu une révolution financière qui a donné le pouvoir à l'actionnaire, une autre caractéristique du capitalisme contemporain est qu'on est passé d'un capitalisme d'organisation – avec des normes, des règles, des prescriptions, qui organisent le travail – à un capitalisme d'innovation où il est important de mobiliser la capacité de s'adapter, parce que le monde n'est pas stable et bouge en permanence. Le travail est d'abord défini par les capacités d'adaptation, de réactivité, de coopération aussi, alors que, lorsque l'on obéit à des règles, la question de la coopération est relativement secondaire. La figure du cadre est le miroir grossissant de ce nouveau capitalisme d'innovation, avec toutes ses contradictions et ses problèmes. » Pierre ROSANVALLON.

Les connaissances utiles, importantes, celles qui font la différence, ne sont plus seulement des connaissances stabilisées qui se transmettent dans l'enseignement. Celles qui comptent sont celles qui naissent au sein même de l'entreprise, celles qu'elle produit et doit protéger par des brevets (lorsque c'est possible). Cette expertise peut porter sur des produits nouveaux, sur des technologies rares, sur le design ou le marketing, sur des usages émergents ou sur les opportunités qui naissent tout au long d'une chaîne de valeur modulaire et mondialisée. Il faut rêver et produire la *killer app* ! Ce qui en fait le prix, c'est l'exclusivité et la durée de cette exclusivité, au moment même où le rythme des innovations s'accélère. Le travail d'expertise des cadres, s'il s'appuie toujours sur les savoirs académiques et les meilleurs enseignements, sort des laboratoires et des bureaux des méthodes. Il s'accomplit au sein de milieux innovants riches de l'hétérogénéité des acteurs, porteurs de relations nouvelles entre experts et praticiens, pratiquant l'hybridation des spécialités issues de disciplines différentes. Les pôles de compétitivité et le travail de R&D qui y est effectué en sont une illustration. Il ne suffit plus d'être le superspécialiste, il faut aussi travailler en partenariat pour produire ces alliages inédits qui font la différence et assurent le succès de l'entreprise en compétition permanente.

En termes de management, la différence est considérable. Loin des routines et des cadences, c'est l'accompagnement au changement, l'imagination, la fertilisation croisée, le multiculturalisme, la construction de partenariats, la coopération, la vision mondiale et prospective qui comptent dans ce cas. L'animation de projets et de réseaux, fussent-ils sociaux, ne requiert pas les mêmes compétences que l'exercice d'un pouvoir hiérarchique.

Le « chaos management » propice à la créativité ne procède pas des mêmes logiques ni de la même psychologie que l'ordonnancement et la planification.

PERSONNALISER LE SERVICE RENDU

Rationnaliser les *process*, innover continuellement ne sont pas toujours suffisants. Les organisations doivent aussi personnaliser les services, *customiser* les produits. Cette troisième orientation est adaptée au vaste secteur des activités de services. Le secteur est loin d'être homogène. Son développement est lié aussi bien aux gains de productivité dans la production d'objets physiques qu'à des évolutions des modes de consommation et de vie souvent qualifiées de « sociétales ». Le service peut répondre à des besoins individuels liés au vieillissement, à la marchandisation d'activités traditionnellement réalisées au sein des familles ou par des services publics. Il peut découler d'une innovation apportée par les nouvelles technologies, comme celle qui nous permet de lire notre journal sur notre téléphone ou notre tablette. Il peut naître de choix politiques comme ceux qui portent sur les protections sociales ou celui qui permet aux parisiens de circuler en bus, en métro, en vélo avec une carte unique. Les emplois peuvent y être très précaires et à temps partiel ou au contraire très qualifiés. Les questions de modèle et d'équilibre économiques ne sont pas toujours résolues. Les services sont réalisés simultanément par des entreprises privées, par des structures à but non lucratif – associations, entreprises du secteur de l'économie sociale et solidaire – ou par des services publics et par l'administration. Contentons-nous de quelques remarques sur les particularités de ce secteur en termes d'expertise et de management.

La compétence réside ici d'abord dans la capacité d'analyse de situations toujours inédites, dans la capacité d'écoute des clients ou des usagers afin de coconstruire avec eux la prestation attendue, dans la capacité à établir une relation de confiance, à faire preuve d'empathie et d'imagination en même temps. Ces savoirs relationnels, cette capacité d'adapter sa réponse demandent un engagement subjectif fort et sont peu transmissibles. Ils ne s'enseignent que très partiellement dans les salles de classe, mais l'expérience seule ne peut suffire. L'empathie lorsqu'elle n'est pas complétée par l'analyse et les cadres de compréhension qu'apportent les sciences humaines peut se transformer en découragement, en culpabilisation ou au contraire en fatigue et en cynisme.

Le management dans ces organisations plus « agiles » est beaucoup plus diffus, les procédures sont de peu de secours, voire perturbatrices lorsqu'elles prétendent se substituer au savoir-faire des professionnels. Les choix pratiques et les questions éthiques ne peuvent pas être systématiquement renvoyés au supérieur hiérarchique. Pour les cadres, le soutien, l'accompagnement, la réflexion et la délibération à partir des pratiques constatées sont bien plus importants que la prescription, l'injonction, la modélisation. L'engagement personnel et la conviction comptent plus que le titre qui apparaît sur la carte de visite, la persuasion plus que le pouvoir de l'organigramme.

Cela est encore renforcé lorsque le management concerne directement le client qu'il faut par exemple accompagner dans l'utilisation d'une machine qui émet une carte d'embarquement, et le faire avec succès nonobstant son inexpérience et son excitation légitime alors qu'il s'envole pour des vacances de rêve…

Les méthodes de l'industrie dans les services publics

« Il est regrettable que le secteur des services ne tire pas les conséquences des expériences catastrophiques qui ont été faites dans l'industrie. Les méthodes de management de l'industrie passent dans les services, sans le moindre recul. Et la façon dont la RGPP a été mise en place dans la fonction publique n'en est pas très éloignée, il s'agit là aussi du placage d'un modèle décidé d'en haut sans jamais le confronter à la réalité du terrain. » François CHÉRÈQUE.

DOMINANTES ET DOMINÉES

Les savoirs mobilisés et le rôle attendu de chacun ne sont pas les mêmes selon qu'on exerce des responsabilités dans un collectif tourné vers les rigueurs d'une bonne organisation, vers l'impératif de produire toujours du nouveau ou vers l'obligation de rendre un service par nature personnalisé. Mais d'autres différences méritent d'être analysées.

La question de la taille des entreprises n'est évidemment ni neutre ni secondaire[10]. Peu d'études approfondies ont été menées sur l'encadrement dans les TPE et PME. Les structures publiques ou parapubliques engagées à leur côté font régulièrement état d'un sous-encadrement tout en soulignant qu'un collectif à visage humain se gouverne et évolue plus facilement. Une plus grande place est faite à l'informel, aux relations humaines. La confiance peut y être plus facile mais les possibilités de promotion plus rares. La polyvalence croît de façon inversement proportionnelle à la taille.

Il est certain qu'il n'est pas indifférent d'être cadre dans une grande banque ou dans une start-up de l'économie numérique, dans l'administration d'une grande collectivité territoriale ou unique fonctionnaire d'une petite commune rurale. Les différences en termes de rémunération sont grandes entre les cadres des grandes entreprises, ceux qui exercent dans des PME ou TPE et les cadres des fonctions publiques. Enfin les organisations syndicales sont loin d'avoir la même présence dans toutes les entreprises et leur taille est un des premiers critères de différenciation.

La position dominante au sein d'une chaîne de valeur ou au contraire la position de sous-traitance – qui ne se confond pas avec la question de la taille – ne sont pas sans conséquences

10. L'OdC a organisé le 5 octobre 2012 un séminaire intitulé « Et si on parlait des TPE ? » (voir les actes de ce séminaire sur le site http://www.cadrescfdt.fr/lobservatoire/les-actes-002494).

non plus sur le climat social et la pression sur les résultats. Certaines entreprises parviennent à capter l'essentiel des plus-values d'une chaîne de valeur et tirent avantage de leur puissance comme c'est le cas de la grande distribution dans l'agroalimentaire, de leur avance technologique comme cela a été le cas pour Microsoft ou les leaders de la pharmacie, ou de la réputation de leur marque comme c'est le cas pour Apple ou les produits de luxe. Ces entreprises peuvent avoir des politiques de rémunération et des politiques sociales plus généreuses tout en maintenant l'ensemble de leurs fournisseurs et sous-traitants dans des situations de dépendance difficiles et précaires.

Abus de position dominante

« Il y a dorénavant deux sortes d'entreprises. Indépendamment du fait que le capitalisme financier domine le capitalisme industriel, à l'intérieur même de ce capitalisme de la production, certaines entreprises ont la capacité d'absorber tous les profits d'un secteur. Une entreprise comme LVMH, qui a besoin de sous-traitants très performants et très qualifiés, leur laisse à peine de quoi survivre, les salaires y sont inférieurs de 20 % aux salaires de salariés du donneur d'ordre. Il y a deux régimes de fonctionnement des entreprises. Les entreprises qui réussissent à polariser une grande partie du profit de leur secteur peuvent avoir des politiques de rémunération, des politiques sociales plus avancées ; d'autres sont dans des situations beaucoup plus précaires qu'autrefois. Les taux moyens de profit étaient relativement proches il y a trente ans, ils sont très différenciés aujourd'hui. Et donc les conditions pour alimenter les politiques sociales sont aussi très différenciées. La situation des cadres dans les entreprises sous-traitantes du bâtiment est très différente de celle des cadres dans les grandes organisations. » Pierre ROSANVALLON.

LA BONNE RECETTE

Évidemment les organisations réelles ne sont jamais chimiquement pures et toute entreprise ou service public combine dans des proportions diverses la volonté d'organiser, celle d'innover et celle de personnaliser le service rendu. Les grandes entreprises et les TPE et PME ne constituent pas des mondes séparés et clos. Elles sont au contraire en relations constantes. Il faudrait analyser plus profondément la relation entre l'ordre, les procédures et l'imagination, les réseaux, l'informel : « L'organisation vivante doit craindre l'excès d'ordre et l'excès de désordre, sans qu'on puisse jamais concevoir un juste milieu... L'important pour une organisation vivante n'est pas seulement de s'adapter, mais d'apprendre, d'inventer, de créer[11]. »

Une étude publiée par la *Harvard Business Review* en mai 2012[12] donnait la bonne recette de la gestion de l'innovation : 70 % d'innovation incrémentale appliquée aux produits traditionnels de l'entreprise, 20 % d'innovation pour servir de nouveaux marchés à partir des savoir-faire traditionnels et 10 % d'innovation radicale. Les chiffres varient selon qu'on est une entreprise de biens de consommation (80-18-2) ou une entreprise de haute technologie (45-40-15), mais nous sommes loin de la révolution permanente comme de l'immobilisme. Il serait tout à fait intéressant de conduire la même étude pour les politiques publiques !

Dans tous les cas un travail est nécessaire pour que le collectif se coordonne, coopère, coconstruise de façon à être performant et innovant. Le développement de la sous-traitance et des partenariats rend ce travail plus complexe encore. Des décisions, des impulsions, des initiatives sont à prendre. Les cadres par leur expertise et leur capacité d'entraînement en assument

11. Edgar Morin, *La Méthode. La vie de la vie*, tome 2, Paris, Le Seuil, 1980.

12. Voir le site de la Fabrique de l'industrie (www.la-fabrique.fr).

la plus grande part. C'est en ce sens qu'ils sont les moteurs des organisations, formelles et informelles, qu'ils sont ceux qui les font vivre.

Ce travail d'organisation se fera-t-il naturellement ou mécaniquement en ajoutant des normes, des règles, des contrats ou des conventions à ceux existants ? Se fera-t-il à l'aide de progiciels, même les plus adaptés et les plus ergonomiques possible ? Nous pensons plutôt qu'il se fera avec tous les salariés à la condition qu'il soit reconnu comme un travail en soi, et que soit reconnu le rôle de ceux qui l'accomplissent, en particulier les cadres.

Des cadres, pour quoi faire ?

Globalement le nombre de cadres augmente. L'importance des qualifications scientifiques et managériales n'a jamais été aussi grande. Le sort des cadres sur le marché du travail est meilleur que celui de la majorité des salariés. Leur statut reste attractif. Et pourtant, même quand ils ne sont pas individuellement en difficulté, beaucoup se sentent menacés. Les cures d'amaigrissement dans les organisations peuvent être fatales aux cadres. En quête de compétitivité et de réactivité, les organisations, grandes et petites, partent à la chasse aux frais de structure. Les cadres sont assimilés à des intermédiaires superflus et coûteux. Dans leur activité de management, ils font les frais du raccourcissement des lignes hiérarchiques et de plus en plus souvent l'expertise des consultants extérieurs est préférée à la leur.

Alors, les cadres sont-ils une espèce en voie de progression ou en voie de disparition ?

MANAGEMENT ET MANAGERS

La volonté de maîtriser centralement, et malgré la complexité, le pilotage d'organisations aux contours de plus en plus flous et aux interactions multiples et évolutives peuvent se traduire par un recours tentaculaire aux normes, aux indicateurs, au *reporting*. Les organisations – et ceux qui les dirigent – se rassurent par la prolifération des outils de gestion. Selon cette conception, l'organisation idéale serait gérée par un progiciel de gestion intégrée, ERP pour *Enterprise Ressources Planning* ou CRM pour *Customer Relationship Management*, progiciel qui commanderait automatiquement et juste à temps un processus allant de la production au service après vente, et réciproquement. Il n'y aurait plus alors que des agents anonymes, des *process* sans sujets, des cadres interchangeables, dont ni l'expérience personnelle ni l'éthique professionnelle ne seraient mises à contribution, car elles risqueraient de perturber le processus et sa gestion.

Pourtant, ni le déclin des organisations pyramidales au profit d'organisations plus complexes et plus floues ni les ERP, CRM, logiciels de gestion RH ou SI RH et autres « portails collaboratifs » n'ont supprimé la nécessité du travail d'organisation. Au plus près du travail réel, relativement autonome par rapport aux prescriptions, aux schémas et aux organigrammes, ce travail d'organisation en tant qu'il « produit des règles de vie commune, un vivre ensemble relevant à la fois de la technique et de l'éthique » (Marie-Anne Dujarier[13]), ne peut pas être accompli sans capacité de jugement, de discernement et d'initiative, c'est-à-dire sans savoir-faire humains. Ceux qui appellent au management sans managers ne disent finalement pas autre chose lorsqu'ils expliquent que ces capacités « d'assembleur de compétences [...] entre ceux qui détiennent l'expertise, le savoir, l'expérience [...] afin de résoudre des problèmes et gérer des exceptions » doivent être distribuées dans l'ensemble de l'organisation. « Dans de tels systèmes, très responsabilisants pour les collaborateurs, le management n'a pas disparu, mais a été distribué. Ce qui amène à une situation paradoxale : il est infiniment

13. Marie-Anne Dujarier, *L'Idéal au travail*, Paris, Éditions Le Monde-PUF, « Partage du savoir », 2006.

plus présent que dans une organisation où il est incarné par quelques-uns[14]. » Le discrédit des formes traditionnelles d'exercice du pouvoir – il est vrai très variable d'un secteur à l'autre – conduit à privilégier des types de management qui se fondent sur l'intériorisation des contraintes et des normes de conduite (*coaching*, développement personnel, codification des modes d'interaction avec autrui, *team building*, charte de valeurs, etc.). Le management n'est plus seulement distribué, il est intériorisé. Dans beaucoup de cas, ces méthodes s'ajoutent, sans souci de cohérence avec l'augmentation des règles et des procédures. Elles sont jugées plus efficaces en termes de motivation individuelle et de mobilisation des équipes. Elles transforment les relations hiérarchiques de subordination ou de commandement en relations interpersonnelles. Les enjeux de pouvoir et d'autorité sont évacués. Le pouvoir est euphémisé[15]. La critique, et notamment la critique syndicale, est désarmée par la formulation des conflits en termes psychologiques et interindividuels.

Les managers évoquent souvent leur désarroi lorsqu'ils prennent la direction d'un service d'une taille telle que l'efficacité dépend alors moins du seul chef que de la motivation et de la coopération de nombreux salariés aux compétences diverses. Ils décrivent un sentiment de perte de contrôle en découvrant que l'on attend d'eux non pas une omnipotence illusoire, mais des projets stimulants, un traitement équitable de tous et la reconnaissance des efforts de chacun. En un mot, il s'agit d'être

14. Bloc-notes de Bertrand Duperrin, 22 mars 2012 (www.duperrin.com).

15. Le fait d'ignorer les enjeux de pouvoir ne signifie évidemment pas qu'ils ont disparu, ni que leurs effets négatifs mais aussi positifs sont maîtrisés : « Parfois la critique se déplace quand, derrière le jeu du pouvoir considéré comme normal, se dévoile la menace, c'est-à-dire quand la domination se substitue au pouvoir. Il arrive aussi que le pouvoir soit défini comme injuste et pervers, quand il manipule, divise et affaiblit. Mais le pouvoir est aussi critiqué quand il est trop faible, quand il ne parvient pas à calmer le jeu des jalousies, quand il menace la survie des entreprises et des organisations », François Dubet, *Injustices,* Paris, Le Seuil, 2006.

le garant d'un collectif efficace et juste. Le travail du manager n'est pas en effet de prendre le contrôle de l'action, ni de pallier personnellement les défaillances, mais bien d'établir des principes collectifs pour que chacun puisse bien agir[16].

Ces différents constats, *process* pour se substituer aux managers, management distribué et dilué dans l'organisation, euphémisation des relations de subordination, rendent difficilement lisibles le rôle et l'utilité des cadres. Depuis quinze ans, l'écart avec les autres salariés, en termes d'autonomie et d'initiative, s'est sensiblement réduit. Le fait de régler soi-même les incidents ou d'avoir une responsabilité financière est désormais le lot de bon nombre de salariés. Si les attributs traditionnels des cadres – prise de décisions, autonomie dans le travail, responsabilité financière, charge d'encadrement – sont des qualités reconnues aussi aux « non-cadres », les cadres peuvent avoir le sentiment qu'alors tout le monde est cadre et donc personne ne l'est.

Le blues des cadres

« Il y a un blues du cadre, un malaise des cadres, sans doute lié au fait que plus on est nombreux, plus on est soumis à la concurrence. Ce blues est lié aux transformations de l'organisation du travail dans les grandes entreprises. Deux révolutions se sont combinées pour produire une situation difficile. D'une part une révolution technologique, qui n'a pas que des effets négatifs, et qui permet à la base de prendre la parole ce qui érode le crédit des intermédiaires. Concrètement, on met le directeur général en copie de tout, ce qui fait que celui-ci reçoit deux cents mails par jour, c'est un signe de dysfonctionnement. D'autre part une révolution du pouvoir dans l'entreprise. Le capitalisme managérial a disparu et un capitalisme actionnarial s'est imposé. Les dirigeants avaient le pouvoir dans l'entreprise dans les années 1960-1970 ; aujourd'hui l'actionnaire met en place des outils pour contrôler. À la rencontre de ces deux révolutions, on trouve les indicateurs de

16. Armand Hatchuel, « Les épreuves de l'apprenti dirigeant », *Le Monde*, 22 novembre 2011.

performance appliqués à toutes sortes de situations, et ces objets manifestent une crise de confiance dans les coopérations dans l'entreprise. Jamais la division du travail n'a été si sophistiquée et la confiance si faible dans les coopérations que nécessite justement cette division du travail. Il y a là une contradiction qui va en s'aiguisant. » Thierry PECH.

CADRES ENTRE EXPERTISE ET MANAGEMENT

Le brouillage des frontières séparant les cadres des non-cadres donne l'impression d'une dilution de cette catégorie, alors même qu'elle est quantitativement en expansion et que ses fonctions n'ont jamais été aussi importantes. D'autres points apparaissent.

Le premier porte sur le renforcement d'une autre frontière, celle qui sépare les quelques « cadres très supérieurs » des autres. Nous y reviendrons dans le chapitre suivant. Une nouvelle barrière s'est substituée à l'ancienne qui séparait les agents de maîtrise et les cadres. Mais elle n'est pas la seule. D'autres hiérarchies existent.

Le travail, « ses peines et ses joies », n'est certainement pas identique pour ceux qui agissent dans le confort des sièges sociaux, prennent des décisions de nature politique – ils définissent les finalités de l'entreprise et décident des moyens à mettre en œuvre –, pour les cadres qui sont chargés d'un travail essentiellement gestionnaire – les directeurs, leurs conseillers internes ou externes, les services supports ou fonctionnels – et enfin pour les responsables d'équipes opérationnelles qui reçoivent des autres niveaux procédés opératoires, objectifs et critères de contrôle[17]. Dans la même entreprise, ce n'est pas pareil d'exercer des responsabilités en tant que cadre dirigeant, responsable d'un service fonctionnel ou en tant que manager de

17. Marie-Anne Dujarier, *L'Idéal au travail, op. cit.*

proximité. Ce n'est pas la même chose non plus d'être rétribué en fonction de ses compétences techniques ou scientifiques ou d'être directement et arithmétiquement intéressé aux résultats, comme le sont les commerciaux[18].

Les hiérarchies peuvent aussi être indépendantes des compétences, des fonctions, des responsabilités et du travail lui-même. Les promotions et responsabilités varient selon qu'on est homme ou femme, qu'on fait partie d'une « minorité visible », qu'on est « fils ou fille de », qu'on est en début de carrière ou bien « cadre expérimenté », etc. La lutte contre les discriminations et plafonds de verre est un long, trop long processus. Il y a là un enjeu majeur d'efficacité et de justice sur lequel nous reviendrons.

Les figures de l'expert et du manager sont couramment utilisées par les cadres comme par les directions des ressources humaines. Nous avons décrit le travail d'expertise et le travail de management selon les orientations des organisations au début de ce chapitre. Ces deux termes semblent séparer les cadres en deux groupes distincts, deux filières.

Pourtant l'analyse des emplois du temps montre que nous avons plutôt affaire à deux polarités qui structurent le travail de tous les cadres : un pôle « politique » (ou managérial, relationnel, organisationnel) et un pôle « technique » (ou professionnel, spécialiste, expert). Sans expertise, la compétence managériale est rapidement réduite à sa dimension gestionnaire, administrative, de contrôle, voire à sa dimension disciplinaire. Mais symétriquement, dans des organisations aux frontières plus floues et plus orientées vers l'innovation, dans des collectifs de travail plus éphémères et réunissant des personnes de statut différent au sein de partenariats multidirectionnels, ceux qui ont un profil plus tourné vers l'expertise et la spécialité ont aussi un rôle

---

18. Anousheh Karvar et Luc Rouban (dir.), *Les Cadres au travail. Les nouvelles règles du jeu*, Paris, La Découverte, 2004. Voir notamment les contributions d'Olivier Cousin : « Travail et autonomie » et de Sophie Pochic : « Le manager et l'expert : des figures imposées ? ».

managérial. Ils ne travaillent pas dans une tour d'ivoire et c'est bien *le travail de tous les cadres qui est caractérisé par des combinaisons de management et d'expertise,* combinaisons qui varient selon l'entreprise, selon le poste et au fil de carrières de moins en moins programmables. Ceci ne crée pas de l'homogénéité au sein de la vaste famille des cadres. Au contraire, la grande variété des combinaisons possibles renforce le sentiment d'une grande dispersion.

Le rôle relationnel, interpersonnel et au sein des collectifs formels ou non, les liens avec l'extérieur, clients et partenaires, le rôle informationnel, du haut vers le bas et du bas vers le haut, le rôle décisionnel et les délégations qui le permettent restent, comme nous venons de le voir, d'abord joués par les cadres et en leur sein par ceux qui ont une responsabilité d'encadrement. Mais les cadres qui encadrent hiérarchiquement une équipe stable – un service ou un atelier – n'en ont pas l'exclusivité. Des compétences similaires ou proches sont aussi requises pour un travail d'animation d'un réseau, de pilotage d'un projet, de transformation des résultats d'une recherche en un produit nouveau et commercialisable. Le professionnalisme de celui qui rédige un rapport sur les conséquences des politiques de développement durable tient autant à sa capacité à convaincre et à inspirer les décisions à tous les niveaux de l'entreprise qu'à ses strictes compétences scientifiques.

Plutôt que d'avoir affaire à deux populations séparées, les cadres qui encadrent et les autres, ce sont en réalité plutôt des postures mobilisées par tous les cadres en fonction des situations rencontrées, de leur parcours et de leur place dans la hiérarchie ou dans l'organisation. Le fait d'avoir à adopter simultanément ces deux postures peut d'ailleurs être fréquemment source de tensions, lorsque par exemple s'opposent les exigences du métier, celles du client et celles de la sécurité...

Notre lecture de ces deux pôles dans la même personne est rendue difficile par le fait qu'ils ne sont pas vécus avec la même intensité. En effet, même lorsque la composante managériale n'est dominante ni dans l'emploi du temps ni dans la définition du poste, elle est en général celle qui peut simultanément donner le plus de satisfaction personnelle et être la moins maîtrisable, la plus préoccupante, donner le plus le sentiment de travailler dans l'urgence et d'avoir une charge de travail excessive[19].

LES QUALITÉS EN PARTAGE

Ces clivages au sein même de la grande famille des cadres ne sont pas incompatibles avec l'existence de points communs qu'il faut maintenant formuler. Quelles sont les qualités que les cadres ont en commun ? Comment caractériser la finalité des cadres, ce qui est spécifiquement attendu d'eux dans le contexte socio-économique actuel et à venir ?

L'observation du travail des cadres montre immanquablement l'importance systématique de la *polyactivité* : activités techniques ou scientifiques, activités de relation ou de communication, activités de commandement, de gestion, d'administration, etc. L'activité des cadres est fragmentée, sujette à des pressions et à des débordements. Le rythme de travail est irrégulier. Le travail fait l'objet d'une planification faible et souvent mise en défaut. Il se définit surtout en termes de missions : impulser, coordonner, innover, contrôler… et peu en termes de tâches. Cette polyactivité est différente de la polyvalence demandée aux salariés d'exécution cantonnés dans une seule activité avec la charge de réaliser des tâches multiples[20].

Loin des schémas théoriques, les cadres sont confrontés au travail réel et se retrouvent au centre de nombre de tensions. Ils réalisent un travail d'organisation, dans la situation concrète dans laquelle ils se trouvent, en s'éloignant souvent des schémas préétablis. Ils apportent leur expertise, la construisent et la diffusent à tous les niveaux de l'organisation. Ils cumulent leur

19. Enquête Apec, Le climat chez les cadres en 2011.
20. Yves-Frédéric Livian (dir.), *Être cadre, quel travail ?*, *op. cit.*

rôle politique et leur rôle technique, leur rôle de manager et leur rôle d'expert. Ils le font en situation, sous la pression des délais à respecter et des imprévus…

La *centralité* est une deuxième caractéristique de l'activité des cadres, celle d'être fondamentalement intermédiaires, « entre deux » ou plutôt « entre plusieurs ». Leur attention doit se tourner en permanence vers les collaborateurs et les collègues, vers leur travail réel et la façon dont il est vécu. Elle doit simultanément se porter sur les résultats exigés par la direction, résultats en termes économiques, techniques, de qualité et de délais. Ils ont à se conformer strictement à des exigences, alors même qu'ils doivent souvent les déduire d'un faisceau de prescriptions et de mandats plus ou moins flous ou confus. Ils sont aussi souvent les intermédiaires privilégiés entre l'organisation et l'extérieur. Ils doivent prendre en compte l'environnement technologique et scientifique, les concurrents, les pouvoirs publics, les règles de droit… et les clients bien sûr. Les cadres sont l'interface entre l'entreprise et son environnement. Ils doivent « se débrouiller » avec les contraintes qu'elles viennent du haut ou du bas et gérer les conflits d'orientation, les dilemmes entre injonctions souvent sans cohérence ou contradictoires. Plus que tous les salariés, ils sont au centre d'une série de tensions, de conflits, de contradictions pratiques et éthiques.

Cette *centralité* exige un travail constant de traduction, d'interprétation, de contextualisation des missions reçues, qui va bien au-delà d'un travail de transmission. Les cadres ne sont pas les maillons dans une chaîne de mandats pour « faire faire » ou les rouages d'une machine mécanique ou bureaucratique. Il n'y a pas de coordination sans la mobilisation de coopérations et donc de volontés personnelles. Quand on les interroge, les cadres se voient davantage comme innovateurs, ceux qui comblent l'écart entre la norme « idéale » et les possibilités réelles[21], ceux qui accompagnent le changement. Ce sentiment est sans doute ren-

21. Marie-Anne Dujarier, *L'Idéal au travail, op. cit.*

forcé lorsque les finalités de l'entreprise privilégient l'innovation et le service.

Mais, attention, être en position intermédiaire n'est pas forcément vécu comme « être écrasé entre le marteau et l'enclume ». C'est aussi « être au centre du jeu », être un *hub*, une interface qui tire son pouvoir et son statut de sa position de point de passage obligé. La diffusion d'informations *via* Internet et les réseaux sociaux ne modifie pas fondamentalement cette position. Pour être utile, l'information brute et numérisée doit être commentée et remise dans son contexte. Cela est essentiellement la compétence et la responsabilité des cadres. Il n'est pas certain en revanche que ce travail soit toujours vu et reconnu.

Pour réaliser ce travail au cœur du travail collectif, ce travail qui fait vivre les organisations, ce travail qui transforme une intention ou un schéma en une œuvre commune, l'*autonomie* est un mythe utile. Elle est reconnue comme une caractéristique forte du travail des cadres, même s'ils n'en ont pas l'exclusivité. Les intéressés y adhèrent largement. La distinction avec le travail routinier, sans autonomie, sans initiative, sans responsabilité est structurante de l'activité réelle comme des constructions identitaires des cadres.

Cette autonomie, en dépit de son caractère très relatif (ou parce qu'elle est très relative…) exige *un investissement subjectif* fort qui est aussi la marque du travail des cadres. Aucun cadre ne peut accomplir sa tâche sans y « mettre du sien ». Cet engagement, cette loyauté, ce contrat de confiance ne sont pas réservés aux cadres hiérarchiques qui agissent par délégation, ils sont aussi indispensables pour accomplir par exemple un travail de recherche et tout travail à fort contenu informationnel et cognitif.

Les cadres au cœur

« Le problème numéro un est la remise en cause du modèle de management. Ces constatations sont valables pour tous les salariés mais les cadres sont au cœur du problème, car dans l'organisation du travail, le management est au cœur. Ce n'est pas très différent dans le privé et dans le public. Le problème de sens est peut-être encore plus important dans le public car une transformation forte est à l'œuvre avec l'arrivée des objectifs financiers. » François CHÉRÈQUE.

Lorsqu'on leur demande quels sont les principaux avantages associés à leur position, les cadres interrogés par l'Apec en 2010[22] répondent dans l'ordre : 1) l'intérêt du contenu du travail ; 2) la liberté de choisir l'organisation et les méthodes de travail et 3) la possibilité de gérer ses horaires (à égalité de fréquence avec les avantages financiers), alors même que nous avons vu que l'autonomie dans le choix des horaires est un privilège qui a un coût, tant l'écart se creuse, en termes de temps de travail hebdomadaire, entre cadres et non-cadres au détriment des cadres[23]. Et quand on leur demande quels en sont les principaux inconvénients, ils déclarent dans l'ordre : 1) le fait d'être toujours préoccupé par son travail ; 2) le fait de servir de tampon entre la direction et les autres salariés ; 3) le fait de se sentir très seul à certains moments et 4) le fait de devoir prendre parfois des décisions contraires à ses principes.

La réflexion sur les caractéristiques des différentes familles de cadres et sur les hiérarchies internes mériterait d'être poursuivie. Il y a peut-être une typologie nouvelle à construire pour rendre compte des évolutions dans le travail des cadres et pour penser leur diversité et leurs responsabilités particulières. Il nous semble néanmoins que cela ne modifierait pas fondamentalement les conclusions présentées ici et la permanence de qualités communes.

---

22. *1990-2010 : ce qui a changé pour les cadres*, Apec, mars 2011.

23. Thomas Amossé et Violaine Delteil, « L'identité professionnelle des cadres en question », *op. cit.*, tableau 4.

Jamais seul et tous ensemble

Si le travail de l'artisan peut parfois s'effectuer seul, l'activité des entreprises et des administrations est le produit d'une performance collective. Elle exige la coopération de nombreuses personnes aux compétences et aux aspirations différentes. Ces personnes ne sont pas de simples agents soumis à une rationalité calculatrice ordonnée à l'objectif de performance financière.

Nous avons vu au début de ce chapitre que l'entreprise est une organisation alternative aux ajustements entre offre et demande qui pourraient se réaliser sur un marché. Il nous faut aller plus loin pour comprendre comment se met en œuvre cette performance collective et quel rôle les cadres peuvent jouer dans la construction de compétences collectives qui soient plus que la somme des compétences individuelles.

COORDINATION, COLLABORATION ET COOPÉRATION

Trois verbes d'action sont habituellement utilisés pour décrire la mission du management dans l'action collective : coordonner, collaborer et coopérer. L'usage courant les confond parfois. Leur histoire et leur signification ne sont pourtant pas les mêmes.

La mission de *coordination* est la plus ancienne et la mieux définie par les sciences de l'organisation. Elle est la base des organisations industrielles comme des grandes administrations publiques, après avoir été le fondement des armées (avec la discipline bien sûr !). Elle postule que le bureau des méthodes dans les entreprises, la loi et le règlement dans les organisations bureaucratiques sont en capacité de définir la place de chacun et les modes de relation entre tous, et qu'il revient aux opérateurs de s'y conformer. La coordination des tâches et des postes est essentielle pour éviter les oublis, les doublons ou les ruptures dans la chaîne de production. Elle est en surplomb par rapport à l'activité de travail. Elle s'impose d'en haut.

Dans cette configuration, outre le fait éventuel de participer à la production des règles, le rôle de l'encadrement est de veiller à leur application, de vérifier la conformité des pratiques, au besoin de sanctionner les écarts et, si nécessaire, d'informer la hiérarchie des problèmes qui peuvent se poser dans l'application du prescrit. La mission des cadres est ici essentiellement une mission de surveillance et de vérification de la conformité des actes aux prescriptions. L'atteinte des résultats en quantité et en qualité est supposée découler du strict respect des règles et procédures.

Par effet de système, ces pratiques génèrent assez largement une culture de la méfiance des cadres à l'égard des opérateurs et des subordonnés. Cette méfiance est très souvent réciproque[24]. Dans les grandes entreprises, elle peut être compensée par des initiatives sociales, les œuvres sociales des comités d'entreprise, offrant des gratifications réelles ou symboliques, mais celles-ci ne font que renforcer les devoirs d'obéissance à la règle et l'impératif de les contrôler.

Il ne faudrait pas croire que les organisations du travail fondées sur les règles de la coordination appartiennent au passé. Dans nombre d'entre elles, aux vitrines médiatiques parfaitement en phase avec notre époque, l'organisation du travail les épouse sans état d'âme. Le consommateur, quand il s'agit pour lui d'acquérir des biens au meilleur prix, peut s'y retrouver et ne rien trouver à redire sur l'organisation pourvu qu'elle permette de produire la voiture *low cost* ou la chemise à des prix imbattables.

---

24. Thomas Philippon, *Le Capitalisme d'héritiers : la crise française du travail*, Paris, Le Seuil, « La République des idées », 2007. Thomas Philippon lors de la présentation de son livre devant l'Observatoire des cadres a insisté sur le coût de cette méfiance très forte en France dans les entreprises en termes d'emploi, de satisfaction et de compétitivité. Il a en parallèle insisté sur les bénéfices de la confiance.

Les besoins de *collaboration* sont apparus dans les organisations du fait de la montée de leur complexité et quand, à côté de la seule fonction de production, se sont développées les fonctions commerciale, marketing, juridique, sociale, financière et comptable. La complexité des organigrammes qui en a résulté a rendu inopérant le recours au seul bureau des méthodes et au contrôle de conformité. Le besoin d'échanger des informations, de corriger les dysfonctionnements et d'éviter les rivalités entre services conduit les acteurs à chercher à s'arranger entre eux, sous l'autorité de leurs directions respectives qui veulent décloisonner les organisations rigides et souvent structurées en baronnies ou silos.

Le management par objectifs, surtout lorsqu'il se veut participatif, de même que le management par projet, omniprésent à partir des années 1990, sont l'illustration de cette volonté des entreprises et des administrations d'inscrire les principes de collaboration entre services dans un cadre de référence et dans une règle du jeu où chacun doit définir sa contribution spécifique à la performance recherchée.

Pour le cadre, promu responsable de centres de profit, chef de projet ou chargé de mission transversal, ce mode de management se traduit par l'importance donnée au contrat passé entre eux et leur hiérarchie. Celui-ci définit non seulement les objectifs à atteindre, mais aussi les responsabilités respectives (délégations et référentiels), les moyens attribués (dont en premier lieu les effectifs), les systèmes de rémunération de la performance, les délais, les modalités organisationnelles de la production du travail. Il revient à chaque cadre de décliner ces impératifs et ces engagements contractuels dans ses équipes et auprès de ses collaborateurs. Les cadres sont les pilotes, les intégrateurs, les animateurs de la réalisation de la performance attendue, voire si possible de son dépassement.

Mais, en même temps, leurs missions se sont complexifiées. Les modalités de travail collectif ont accru les marges de manœuvre et avec elles les zones d'incertitude, pour reprendre une expression de la sociologie des organisations. D'une certaine manière, la stricte division du travail limitait au quotidien les luttes de pouvoir, ou du moins elle en fixait à la fois les limites et l'objet. Le taylorisme protégeait des clients, mais aussi des collègues, écrit François Dupuy[25]. Les conflits nés d'un management participatif, par objectif, d'un mode de management où le projet est l'alpha et l'oméga de l'organisation, sont plus difficiles à cerner et à résoudre. Leur maîtrise par les cadres demeure un chantier permanent, tant sont complexes et implicites les règles, leur mode d'emploi et leur usage.

Enfin la *coopération* (du latin *co-operare*, « faire œuvre commune ») peut être définie comme une pratique (mais aussi une ambition) nécessaire à la performance collective quand dominent le complexe et l'exigence qualitative. Si elle ne méprise pas les règles et les procédures, elle en connaît les limites. Norbert Alter nous donne un éclairage original sur ce qui fonde la coopération[26]. À partir des analyses de Marcel Mauss sur l'importance du triptyque « donner-recevoir-rendre » dans les relations au sein des sociétés primitives du Pacifique, il montre que, quelles que soient les théories qui fondent les pratiques managériales, les échanges entre les personnes sont constants et à la source des liens sociaux qui s'établissent au sein des collectifs. Ce qui circule entre les personnes est très varié. Chacun donne – et reçoit – des informations, des savoirs, des savoir-faire, mais aussi du temps, des explications sur la marche du monde, des croyances, des émotions, des espoirs ou des réputations. La répétition de ces dons et contre-dons produit plus que la performance attendue, elle produit de la complicité entre les individus. Cette complicité renforce la possibilité et l'intensité de la coopération, là où les procédures échouent. « Ces relations de coopéra-

25. François Dupuy, *Lost in Management, la vie quotidienne des entreprises du XXIe siècle, op. cit.*

26. Norbert Alter, *Donner et prendre. La coopération en entreprise*, Paris, La Découverte, 2010. Norbert Alter a présenté son ouvrage en juillet 2012 devant l'Observatoire des cadres. Voir le compte rendu dans la *Revue Cadres CFDT*, n° 450, octobre 2012.

tion permettent de traiter des problèmes d'efficacité, qu'ils soient d'ordre industriel, médical, administratif ou commercial. Mais elles reposent sur des sentiments – gratitude, sympathie, fierté ou complicité – qui procurent un plaisir recherché en tant que tel, irréductible à la seule volonté de bien travailler ou de travailler efficacement. La coopération représente donc bien plus que la coordination : elle en est l'énergie et l'esprit » (Norbert Alter).

Certes l'auteur pondère son propos en faisant remarquer que, dans les entreprises, les échanges se développent principalement au sein de strates assez hiérarchisées et en insistant sur la possibilité toujours présente de l'ingratitude ou de la trahison, qui fait que les chaînes de complicité et de confiance peuvent être rompues par ceux qui cherchent à « tirer la couverture à eux ». Mais cette analyse permet de donner un fondement archaïque, intemporel à la possibilité de coopérer au travail, bien au-delà des modes en matière de management. Faire œuvre collective, inscrire dans la durée les échanges et la production des compétences collectives est aussi une source de satisfaction personnelle, là où les manuels de management veulent en faire une nouvelle norme, une nouvelle obligation.

Que la coopération ne se décrète pas ne signifie pas que le management n'a rien à y faire. Savoir la reconnaître, en comprendre les règles pour favoriser et valoriser les bénéfices de la réciprocité élargie et différée dans le cycle des dons et contre-dons est un exercice qui demande beaucoup d'attention aux autres et davantage d'esprit de finesse que de géométrie. Le développement des règles et procédures, la mise en place des outils numériques de gestion de l'information et le schématisme du *reporting* qu'ils entraînent, l'individualisation des objectifs et des évaluations, tout cela contrarie à l'évidence notre propension à « donner-recevoir-rendre ». Nous reviendrons sur ce point dans le chapitre suivant.

Promouvoir les comportements coopératifs est certainement la meilleure réponse possible aux défis actuels d'innovation, de compétitivité et de bien-être au travail. Elle peut s'appuyer sur la plus forte qualification de la main-d'œuvre, qui rend celle-ci plus exigeante pour comprendre et participer aux définitions du travail qu'on lui demande de faire, là où l'augmentation des relations et des interdépendances rend les règles de la coordination ou du management par objectifs inopérantes. L'animation de cette coopération demande un pilotage organisant les contributions solidaires de chacun à partir de l'appropriation collective des enjeux, de l'interprétation des exigences – qui peuvent différer selon les générations, comme le fait remarquer Barbara Dalibard – et de l'acceptation partagée des compromis nécessaires à l'action.

Transformer nos modes de fonctionnement

« Un point important est l'arrivée massive dans l'entreprise de ce qu'on appelle la génération Y, avec ses codes, ses modes de fonctionnement et sa capacité à interroger le rôle du management de façon importante. [...] Le cadre doit gérer cette génération Y, dont les membres font complètement exploser les conduites managériales. [...] Il faut apprendre à utiliser l'opportunité de cette génération qui arrive pour transformer nos modes de fonctionnement. » Barbara DALIBARD.

S'il est de la responsabilité des cadres de savoir inventer les modes de management de la coopération, il est certainement aussi de leur responsabilité d'orienter l'action collective. Les bonnes relations et la confiance entre les personnes se développent essentiellement dans l'informel, dans les interstices et les marges de l'organisation « officielle ». Elles ne s'orientent pas spontanément vers les objectifs de l'entreprise ou de l'administration. Nous avons tous connu des services ou des ateliers très solidaires, très unis... pour dénigrer le service voisin ou pour trouver les arrangements qui font « qu'en haut on nous fiche la paix ». Les cadres ont un rôle à jouer, non seulement pour soutenir l'activité, en rendre compte ou la nourrir de savoirs pertinents, mais aussi pour en définir le « cadre » qui seul la rend possible. « Toute organisation, dans le sens où elle empêche aussi bien l'hémorragie du système dans l'environnement que l'invasion de l'environnement dans le système, constitue un phénomène de clôture », écrit Edgar Morin[27]. Seule la compréhension de ce que signifie être en position d'intermédiaire, en position centrale, peut permettre d'éviter ces dérives.

> **Il faut un plateau de théâtre pour qu'une scène soit jouée**
>
> « Parce que finalement je suis LA condition nécessaire pour que la réalité prenne sa place, les limites pour que l'illimité apparaisse. Il faut un plateau de théâtre pour qu'une scène soit jouée, un bon cadrage pour que la photographie se révèle. Car sans moi, le cadre, plus de dedans, plus de dehors. » Michèle TAÏEB.

Les cadres peuvent d'autant mieux assumer cette position au cœur battant des organisations qu'ils en partagent la stratégie générale. Il est d'autant plus facile de mettre à contribution l'ensemble des compétences de son équipe, qu'on a soi-même contribué à définir cette stratégie ou qu'au moins tous les éléments sont là pour qu'elle puisse être appropriée et partagée.

Cette tâche des cadres est d'autant plus rude que les entreprises et les administrations ne sont pas des objets « chimiquement purs ». Même s'il peut y avoir des styles dominants, elles sont en fait dans un « mix organisationnel ». Elles font cohabiter[28], en fonction de la nature des missions de leurs différentes

27. Edgar Morin, *La Méthode. La Nature de la nature*, tome 1, Paris, Le Seuil, 1977

28. « Par bien des côtés, les nouvelles organisations sont un retour aux valeurs de métier devenu celui d'un collectif, un métier d'entreprise ayant intégré les apports de la rationalisation industrielle : produit diversifié et coût maîtrisé, technicité et conscience professionnelle ou dit autrement qualification et compétence, individualisation et travail collectif, autonomie et fort poids des interdépendances. Toute la nouvelle performance est dans ce « et » qui ne peut plus être construit de façon extérieure ou surplombante

entités, mais aussi souvent de façon plus aléatoire ou contingente, des logiques de coordination, de collaboration et de coopération. Cela exige pour les cadres de savoir décoder les normes de fonctionnement quelquefois étonnantes dans leur zone de responsabilité, et aussi, dans leurs parcours professionnels, de devoir s'adapter en fonction du contexte organisationnel propre à chacune des unités dans lesquelles ils peuvent être successivement amenés à agir. Cela suppose de leur part non seulement une culture des organisations et la compréhension de leurs principes de fonctionnement, mais aussi une souplesse et une adaptabilité de comportement qu'il n'est pas légitime d'exiger d'eux si on ne leur donne pas les moyens de les acquérir et de les perfectionner.

L'avenir des cadres est ouvert. Il est aussi complexe. Raison de plus pour eux de s'y préparer par un travail conceptuel interagissant avec la pratique mais aussi par la mutualisation et la réflexion collective entre pairs, condition indispensable à leur compétence individuelle.

EN PARLER

Le travail des cadres ne peut être correctement appréhendé qu'en le situant dans le contexte global des organisations, formelles et informelles, et de leur besoin constant de s'organiser et d'innover. Leur travail de traduction et d'arbitrage entre les différents niveaux de décision (politique, gestionnaire, opérationnel) s'effectue au milieu de tensions et de contradictions de plus en plus grandes et complexes. Or cette activité d'organisation à l'œuvre dans les collectifs aux formes et aux contours divers, des plus hiérarchisés aux plus horizontaux, a été perdue de vue. L'attrait pour les constructions organisationnelles abstraites (modélisation mathématique, modes managériales successives, mesures quantitatives de la performance…) et le développement

---

par rapport aux individus », Yves Lichtenberger, « Sens et valeurs du travail », *Esprit*, octobre 2011.

des échanges numériques et des réseaux sociaux ont remplacé les débats et échanges sur ce qui est attendu des cadres, sur les dilemmes qu'ils affrontent et sur ce qui fait la qualité de leur travail comme de celui de ceux qu'ils « encadrent ».

Comment mieux reconnaître le travail des cadres ? Cela passe forcément par un retour réflexif sur le vif du travail. Marie-Anne Dujarier le formule ainsi : « Pouvoir de dire de quelle manière on fait "vraiment" pour faire face à la situation, expliciter des savoirs tacites, incorporés, ainsi que les pratiques bricolées ou déviantes au regard de la prescription. Il faut pouvoir les dire et les confronter aux autres manières de faire des pairs et collègues. Aussi, ce niveau de régulation, pour se construire, requiert-il une certaine stabilité des hommes et des activités, ainsi que la possibilité de construire de la confiance dans les échanges à propos du travail[29]. »

C'est en partant de la diversité du travail réel des cadres, de la pluralité des postures qu'ils doivent adopter, que leur rôle central au cœur des tensions et des contradictions inhérentes à l'activité collective sera reconnu et apprécié[30]. Cette responsabilité pour « donner un cadre » au travail de tous ne peut pas s'exercer en se diluant dans la multiplication des réseaux et des *process* désincarnés. L'appel à la conduite d'entretiens centrés sur le travail, sur l'expérience, sur la singularité de chacun, et pas seulement sur les résultats, la revendication d'une protection plus grande pour le droit d'alerte, l'organisation de débats et controverses sur le travail sur les lieux mêmes de travail et dans les lieux collectifs et publics prennent ici tout leur sens. Forts de ces analyses, nous proposons dans le chapitre suivant des leviers d'action qui nous semblent à la fois nécessaires et réalistes.

---

29. Marie-Anne Dujarier, *L'Idéal au travail*, *op. cit.*

30. Voir Henri Mintzberg, *Managing*, San Francisco, Berrett-Koehler, 2009.

La reconnaissance du travail

« Au cœur du problème de l'organisation du travail, il y a un problème de management, la place des cadres. Le cadre est chargé de mettre en œuvre des décisions prises ailleurs, ce qui conduit à un certain malaise, et il manque de lieux pour l'exprimer, d'où l'importance de l'organisation syndicale. Mais il n'y a pas pour autant malaise partout. Le bonheur au travail cela existe aussi pour les cadres. 80 % des Français disent qu'ils se sentent bien au travail et 60 % qu'il y a un mal-être au travail, on voit bien qu'il y a contradiction entre les deux. Notre modèle de développement doit changer, dans le débat sur la compétitivité hors coût, le débat sur l'innovation est central et l'innovation sociale, inévitablement, est importante… Pour les cadres, la question de la reconnaissance est double, celle de leur propre reconnaissance professionnelle, de leur identité, et celle de la reconnaissance du travail des gens qui travaillent avec eux. Le respect est central. » François CHÉRÈQUE.

CHAPITRE VI

Trois questions au management

Au terme de ce parcours descriptif et critique, trois questions clés ouvrent sur ce qu'il est nécessaire et possible de faire.

Les cadres sont affectés par de multiples changements. Le contenu de leur travail, les savoirs qu'ils mobilisent, leur identité sont brouillés. Malgré tout, et c'est leur fierté, ils ont aussi une responsabilité particulière pour « sortir du cadre » et pour mettre en œuvre des pratiques de management, des manières d'être cadre qui soient au bénéfice des organisations, de leur compétitivité, de leur inventivité et au bénéfice de tous ceux qui y travaillent. Les dérives ou errements qui menacent le travail des cadres et la vie des organisations privées et publiques ne conduisent pas inéluctablement au malaise ou à la catastrophe. Les cadres, plus que d'autres, sont en position d'être juges et parties dans les changements du travail. S'ils sont quelquefois victimes des changements, ils en sont aussi les acteurs. Ils peuvent assumer cette responsabilité, centrale comme nous l'avons vu au chapitre précédent, à condition que celle-ci soit correctement reconnue et évaluée, que leur formation les y prépare et que les leçons apprises tout au long d'un parcours professionnel soient écoutées. Conditions nécessaires, à défaut certainement d'être suffisantes.

Les alertes lancées dans ces trois domaines – évaluation, formation et carrière – ouvrent sur autant de leviers accessibles et efficaces. Pour cela, elles devront se transformer en propositions opérationnelles en se confrontant aux situations réelles de travail et dans une réflexion commune avec les autres acteurs impliqués, les directions générales et les collègues de travail, les écoles et universités, les responsables syndicaux et politiques.

Mesure et évaluation

> « J'ai été conduit à inverser les hypothèses habituelles à propos du mal-être au travail : il provient bien plus de l'incapacité de l'entreprise à reconnaître la valeur des dons des salariés, la valeur de leur travail, que de sa volonté de tirer le meilleur parti de leur contribution. »
>
> Norbert ALTER [1].

La diffusion des dispositifs d'évaluation a envahi toutes les sphères de notre existence. Les politiques publiques, les universités, les thérapies, les produits et les marques sont évalués. La solvabilité des États et des entreprises, leur responsabilité sociale sont évaluées et notées. Ces dispositifs sont censés opposer à notre subjectivité l'impartialité et l'autorité des jugements objectifs. Ils seraient susceptibles de nous mettre d'accord là où nos convictions ou nos préférences nous divisent. Dans les organisations, les directions des ressources humaines ont vu un moyen de fonder « en toute objectivité » le jugement qu'elles portent sur la performance des salariés. Ceux-ci y ont vu une occasion de sortir du mélange de jugements « à la tête du

1. Norbert Alter, *Donner et prendre*, *op. cit.*

client » et de mécanismes impersonnels – « le plus ancien dans le grade le plus élevé » – lorsque sont décidées les affectations, les promotions ou les ruptures de contrat de travail. L'évaluation est perçue comme ce qui différencie les organisations modernes des structures tayloriennes, familiales ou claniques. Elle génère d'ailleurs des pratiques comme l'entretien d'évaluation conçu comme un moment d'échanges quasiment démocratique adapté au monde du travail tel qu'il est aujourd'hui.

Alors, d'où vient le malaise ? Comment interpréter le discrédit de l'entretien annuel ? Comment comprendre qu'un outil, promu notamment dans le cadre des démarches de gestion prévisionnelle des emplois et des compétences (GPEC) comme le signe d'un management humain et moderne, figure désormais dans la catégorie des pratiques potentiellement discriminatoires, stressantes, facteurs de risques psychosociaux et qui peuvent conduire à des plaintes devant les tribunaux ?

L'ÉVALUATION ET SES PARADOXES

Le choix des critères sur lesquels se fonde le jugement évaluatif doit se prémunir contre les facilités et les fausses évidences. L'image des abeilles est éclairante de cette difficulté. Les abeilles produisent du miel. C'est un *output* tangible. Il est tentant d'évaluer l'utilité et l'efficacité des abeilles en mesurant le poids du miel produit. Dans un souci de perfectionnement de cette évaluation, il est possible d'analyser et de noter la qualité de ce miel, son goût, ses vertus nutritionnelles, tonifiantes, immunologiques. La pollinisation est l'autre partie du travail des abeilles. C'est une contribution essentielle à la production des fruits et de la majorité des cultures vivrières. Mais les abeilles interviennent au cours d'un processus complexe, à titre gratuit et conjointement au vent et à d'autres insectes. Elles ne peuvent pas revendiquer pour elles seules la production des pommes ou des citrouilles. Résultat : il est possible « d'oublier » ce travail vital de pollinisation et d'accepter de mettre en péril la survie des abeilles et, ce faisant, des pans entiers de nos cultures.

La position des cadres peut être comparée alternativement à celle des abeilles et à celle de certains apprentis sorciers de l'industrie agroalimentaire. En tant que salariés évalués, ils ressentent comme injuste l'oubli de leur travail le plus immatériel. C'est tout leur travail pour organiser le travail, pour faire et inspirer confiance, pour dilater les coopérations, la motivation des équipes et le potentiel d'innovation, qui ne trouve pas de traduction dans les tableaux censés mesurer objectivement leur performance et leurs progrès dans l'atteinte des objectifs. En tant qu'évaluateurs, le temps qu'il faut comme le caractère souvent formel des procédures d'évaluation ne leur permettent guère d'appréhender la totalité du travail accompli et des efforts fournis par leurs collaborateurs. Le feraient-ils, qu'ils n'auraient pas toujours les moyens de donner une suite concrète aux questions soulevées ou aux propositions. Comme l'écrit Xavier Baron[2] : « [...] il faut que les évaluateurs aient réellement du pouvoir sur la situation de l'évalué et qu'ils en soient suffisamment proches. Or on sait bien que c'est souvent la quadrature du cercle dans les pratiques actuelles. Ou l'évaluateur est "de proximité", et il a peu de pouvoir sur la définition des objectifs et encore moins sur la sanction des réussites ou des difficultés du salarié, ou il a du pouvoir et il ne connaît pas l'évalué. »

Deux dérives s'ajoutent à cet état de fait pour pervertir les dispositifs d'évaluation. La première est liée au culte des chiffres et des quantités. Les logiques gestionnaires et une certaine conception de l'objectivité (les vérités « scientifiques » se reconnaîtraient à la possibilité d'en rendre compte dans une formule mathématique) conduisent à confondre ce qui se compte et ce qui compte. Or les dispositifs qui se fondent seulement sur ce qui est quantifiable sont très souvent contre-

2. Xavier Baron, « L'entretien d'évaluation sous l'œil de la Cité », *L'Expansion Management Review*, juin 2012, n° 145.

productifs[3]. Loin d'élaborer et de proposer un jugement plus objectif sur la valeur du travail, sur les compétences mobilisées et sur les améliorations souhaitables dans une optique de performance et de compétitivité, « faire du chiffre » devient la finalité de l'activité. Comme le dit Ève Chiapello, sous couvert de chiffres, l'arbitraire augmente.

Objectivité mécanique et objectivité professionnelle

« Comment peut-on construire une objectivité de l'évaluation ? Les chercheurs comme Ted Porter nous disent qu'il y a deux grandes formes d'objectivité. La première est l'"objectivité mécanique", c'est l'exercice d'un jugement reproductible, avec des règles claires. L'objectivité réside dans le fait que n'importe qui porterait le même jugement dans la même situation. C'est pourquoi on assiste à cette inflation de chiffres qui singe l'objectivité mécanique, car on n'a pas les règles qui vont avec. On a des chiffres, pas forcément très adéquats, et ensuite on a des notations. Quand, en face de la question "est-ce que cette personne est engagée dans son travail ?", on met "4" ou "5" sur une échelle de 5, on va produire du chiffre, mais il ne s'agit pas du tout d'une objectivité mécanique. Il suffit que quelqu'un d'autre effectue la notation pour que le chiffre soit différent. Mais on a une impression de justice parce que c'est quantifié. Ensuite, on n'a quasiment pas de règles qui établissent les modalités d'interprétation, qui fixent les conséquences en termes de rémunération, de carrière, etc. On a une inflation de chiffres, mais qui ne sont pas forcément adéquats, des notations qui donnent une impression de justice, et pas de règles d'interprétation. C'est un semblant d'objectivité mécanique.

« L'autre forme d'objectivité, et là on va rejoindre la formation au management, c'est l'"objectivité disciplinaire", on pourrait dire aussi professionnelle. C'est une autre forme de qualité du jugement, que l'on apprend à faire au travers d'un compagnonnage avec des professionnels et d'un entraînement, sur le métier. Si on veut faire une

3. L'OdC a tenu sur ce sujet un colloque : « Tous performants » en janvier 2011 avec Philippe Lorino, Xavier Baron, Pascale Levet, Michel Meunier et Francis Ginsbourger.

bonne évaluation du travail il faut être entraîné, comme le médecin s'entraîne à établir un diagnostic pendant ses années de formation. Cette objectivité est aussi valable, elle suppose l'accord d'un corps professionnel sur une évaluation. Mais en management, on ne s'est pas donné les moyens de la construire. Dans le meilleur des cas, la personne qui doit conduire des entretiens d'évaluation reçoit un manuel qu'il faut appliquer.

« Sous le couvert des chiffres, l'arbitraire augmente. Il faut réduire cet arbitraire. En termes de formation, cela voudrait dire déjà que les supérieurs hiérarchiques connaissent les règles, y compris celles du droit du travail. Il y a des managers qui ne connaissent pas le droit du travail, y compris celui qui s'applique à eux-mêmes. Si on décide de ne plus gérer les carrières avec les anciens processus bureaucratiques mais avec l'évaluation managériale, il est indispensable de construire cette évaluation professionnelle. Sinon, il faut construire une vraie objectivité mécanique, avec des règles affichées qui rendent l'évaluation reproductible, ce qui nous ramène à la bureaucratie. Et, troisième point, il faudrait retrouver une fonction RH capable d'être un tiers entre le cadre et la hiérarchie, et un tiers dans l'organisation des carrières, sachant que c'est une fonction en crise. » Ève CHIAPELLO.

Le second malentendu est lié à l'écart entre le prescrit et le réel, écart où se joue toujours le travail en situation concrète. Ce décalage impose aux salariés d'avoir l'intelligence des situations et de mettre en œuvre des savoir-faire pratiques et organisationnels qui ne peuvent être saisis que par un retour sur l'activité et par un effort de formulation des imprévus et des dilemmes rencontrés. La performance se joue aussi dans l'invisible, dans des comportements et des décisions en situation, tout ce qu'un tableau de bord et une batterie d'indicateurs ne pourront jamais capturer, encore moins restituer et améliorer.

ENTRETIEN INDIVIDUEL ET ACTIVITÉ COLLECTIVE

L'entretien, qu'il soit d'évaluation, d'appréciation, de progrès, professionnel, de mi-carrière, ou simplement en plus aseptisé, entretien annuel, s'est imposé comme un instrument central dans les dispositifs d'évaluation. Il est au cœur de multiples déceptions et contradictions.

Il est individuel alors qu'il n'y a jamais eu autant d'interdépendance, autant d'interactions entre les salariés, autant de besoins de coopération pour faire face aux aléas, aux imprévus, à tout ce qui ne peut pas être prescrit. Si la notion de compétence collective peine à être reconnue, celle de compétence individuelle est discutable. Ce que chacun sait faire, il l'a appris de ses maîtres ou compagnons, de l'organisation, de la société. Il le met en œuvre dans un collectif, avec d'autres avec qui il entretient des relations horizontales ou verticales. L'entreprise n'est pas une collection d'artisans plus ou moins talentueux. Les cadres, évaluateurs et évalués, sont ainsi pris au piège. D'un côté il leur faut entendre et reproduire les discours mobilisateurs et volontiers lyriques sur le travail en équipe, en réseau, en partenariat, les projets collectifs, les plates-formes collaboratives, les appels aux valeurs de solidarité, le « on est tous dans le même bateau » et d'un autre côté pratiquer l'individualisation croissante des objectifs et des rémunérations. C'est d'autant plus un piège que cette individualisation ne permet pas de répondre à la quête de reconnaissance et de sens de salariés qui ne se satisfont pas d'être jugés selon leur seule contribution « utile » d'un point de vue économique. Les cadres doivent en permanence reconnaître la valeur des contributions individuelles, singulières pour reprendre le vocabulaire de Pierre Rosanvallon, et en même temps développer la cohésion et les coopérations.

Évaluer des singularités

« La question de l'évaluation est devenue difficile aujourd'hui parce que l'on veut évaluer des singularités. Quand on évalue simplement des rendements, on a des éléments de mesure fixes ; si on veut évaluer des singularités, il y a une difficulté de trouver les règles, les éléments de comparaison, qui puissent être véritablement objectifs. La question de l'évaluation devient quelque chose à discuter en permanence. Les règles doivent être soumises à la critique, on est nécessairement dans un système où l'interaction du salarié avec l'organisation doit être toujours plus forte. Il faut qu'il y ait en quelque sorte des tiers représentants – la DRH, les syndicats, il y a beaucoup de tiers représentants possibles. Mais il faut une prise de distance entre l'individu et l'organisation. » Pierre ROSANVALLON.

L'entretien d'évaluation souffre aussi de vouloir tout faire. L'examen des supports utilisés par les entreprises montre que ceux-ci prescrivent en général d'évaluer à la fois des résultats, des comportements et un potentiel, tout en recueillant des éléments nécessaires à l'élaboration d'un plan de formation. De nombreux auteurs ont mis en évidence la pluralité et l'hétérogénéité des objectifs visés. Ils s'ordonnent autour de deux polarités : reconnaître le travail et le vécu concret des salariés ou au contraire contrôler les salariés et les mettre en compétition, comme s'il était possible d'avoir un outil qui permette à la fois de programmer un moment privilégié d'échanges sur le travail, sur les dilemmes pratiques et éthiques rencontrés, et qui détermine la distribution des récompenses, des primes et des sanctions. Aborder ces sujets lors de deux entretiens séparés, l'un pour noter et l'autre pour évaluer, comme c'est souvent le cas dans l'administration, ne change pas fondamentalement les choses.

L'entretien est une expérience vécue inhabituelle, celle d'un face-à-face ritualisé rompant avec les relations quotidiennes. L'évaluation met en scène des acteurs qui jouent des rôles et sont placés en situation de représentation[4]. L'entretien d'évaluation est une situation d'interaction susceptible d'être regardée comme une mise en scène de soi. Au-delà de la procédure, existe un processus qui fait intervenir des coulisses, où se trouvent les clés du véritable déroulement de l'entretien d'évaluation. La relation hiérarchique semble être suspendue le temps de l'entretien, et pourtant celui-ci est potentiellement lourd de conséquences. Saturé d'affects, s'y joue bien souvent la posture que les salariés, cadres et non-cadres, adoptent. Que leur travail et leur personne soient reconnus et ils s'engageront pleinement dans le travail collectif. Qu'ils soient méprisés (ou qu'ils aient le sentiment de l'être) et les tentations du retrait, du « à quoi bon », du chacun pour soi, de la « rumination sans issue[5] » ou de la colère prendront le dessus.

UNE DÉMARCHE HEURISTIQUE

Le principe de l'évaluation n'est pas en cause. Mais en se limitant à la mesure, et principalement à la mesure individuelle, l'évaluation ne produit pas ce pour quoi elle est mise en œuvre. Loin d'être l'occasion d'une démarche heuristique accroissant les savoirs, les savoir-faire et la sagacité des jugements sur la valeur des choses et des actes, elle focalise l'attention sur les chiffres et produit de la bureaucratie. Les dispositifs peuvent alors conduire à se contenter d'un travail « ni fait ni à faire » au regard du service attendu et des exigences du métier, du moment qu'il est conforme aux indicateurs. Ils incitent par construction d'un côté à « bidouiller les chiffres » comme on l'entend si souvent, et de l'autre à déclarer la performance toujours insuffisante et à accroître les objectifs à l'instar des

---

4. Cette approche est celle du courant américain dit de l'interactionnisme ; voir Erving Goffman, *La Mise en scène de la vie quotidienne*, Paris, Éditions de Minuit, 1973.

5. Yves Clot, *Le Travail à cœur. Pour en finir avec les risques psychosociaux*, Paris, La Découverte, 2010.

records sportifs, toujours à battre. De nombreux exemples montrent qu'on risque toujours « en cas de problème, de se consacrer davantage à la recherche des responsables qu'à l'exploration concertée des solutions communes. La traçabilité des actes ne peut compenser la dilution de l'expérience partagée[6] ».

L'entreprise est censée être un mode de coordination alternatif aux ajustements par l'offre et la demande. Le Code du travail n'est pas une annexe du Code de commerce. Pourtant la pression économique et symbolique du marché a imposé comme représentation dominante des échanges la relation client-fournisseur, empêchant de voir que le travail réel s'accomplit, bon gré mal gré, grâce à d'innombrables coopérations[7]. Les dons et contre-dons, les processus de construction durable des compétences collectives, les hésitations qui précèdent les innovations majeures sont d'une grande valeur. Ils sont invisibles sur les écrans radars des systèmes d'évaluation.

Être évalué n'a de sens, en particulier pour des cadres soumis à une injonction d'autonomie et d'initiative, qu'à condition d'être en capacité de bien faire leur travail et d'être évalués sur des critères explicites et cohérents. Les débats autour de ce qui permet de dire qu'un travail est « bien fait » (pour les travailleurs, l'entreprise, les clients, les générations futures…) ne sont pas un luxe. Yves Clot[8] l'a bien montré, il n'y a pas de « bien-être au travail » sans « bien faire » et pas de bien faire sans controverses, sans conflits, sans compromis, internes et externes aux entreprises[9], sur les critères qui permettent de dire que « oui, on a bien fait ».

---

6. *Ibid.*
7. Norbert Alter, *Donner et prendre*, *op. cit.*
8. Yves Clot, *Le Travail à cœur*, *op. cit.*
9. Xavier Baron, « L'entretien d'évaluation sous l'œil de la Cité », *op. cit.*

Le salarié, le client et la performance

« Nous avons supprimé les enquêtes "client mystère" qui visaient à noter les managers en mesurant la conformité à une norme, et nous avons mis en place un système d'évaluation beaucoup plus collectif. [...] L'évaluation des cadres a aussi un côté individuel. Elle essaie d'être équilibrée entre trois piliers : la satisfaction du salarié, la satisfaction du client et la performance opérationnelle, en commençant par la satisfaction du salarié parce que c'est le *driver* qui permet ensuite de tirer l'ensemble de l'entreprise. » Barbara DALIBARD.

Les méthodes d'évaluation ne peuvent pas ignorer que s'il est si important de savoir sur quels critères chacun est jugé et d'en reconnaître le bien-fondé, c'est aussi parce qu'en partageant ce qui a de la valeur, « ce à quoi nous tenons », nous exprimons « ce par quoi nous tenons ensemble »[10].

Ces questions sont cruciales pour tous les cadres. Comment prendre en compte leur travail d'organisation ? Comment articuler temps de travail et temps hors travail lorsqu'il s'agit de concevoir, d'innover et d'impulser ? Comment valoriser les collectifs et les pratiques standard tout en reconnaissant le caractère radicalement singulier de chaque collaborateur et de chaque situation ? Il est urgent d'expérimenter de nouvelles démarches d'évaluation, qu'elles visent à penser le travail d'organisation et d'apprentissage collectif, à apprécier, quantitativement et qualitativement, la contribution individuelle de chacun à l'entreprise ou au service public qui l'emploie, ou à trouver un accord sur les objectifs poursuivis, qui ne se réduisent pas aux objectifs financiers.

10. « On ne peut pas explorer la question de l'identité collective d'une communauté de citoyens sans s'interroger sur ce à quoi ils tiennent, qui est aussi ce par quoi ils tiennent ensemble », Alexandra Bidet, Louis Quéré et Gérôme Truc, « Ce à quoi nous tenons. Dewey et la formation des valeurs », *in* John Dewey, *La Formation des valeurs,* Paris, La Découverte, 2011.

Objectifs sociaux et environnementaux

« Pour pouvoir procéder à l'évaluation de la performance, il faudrait que le cadre soit associé à la décision, ce qui est rarement le cas du cadre intermédiaire qui pourtant est souvent celui qui manage le plus de personnes. Le Congrès de la CFDT a considéré que les dirigeants devraient avoir une partie de leur rémunération liée à des objectifs sociaux et environnementaux. Cette question devrait aussi être posée au niveau des cadres, y compris des cadres intermédiaires, à la condition que ces cadres participent à la décision et que les objectifs soient discutés collectivement. Cela représente une piste d'évolution de l'évaluation et de la mesure de la performance. »
François CHÉRÈQUE.

Les cadres sont au cœur de l'efficacité et de l'innovation. Ils sont au cœur des progrès de leurs collaborateurs. Cette délibération autour de la valeur des choses et de la valeur du travail, à laquelle nous appelons et dans laquelle les organisations syndicales sont parties prenantes, doit être leur affaire. En exerçant leur droit de critique des procédures actuelles, ils gagneront en légitimité et en maîtrise de leur travail. Francis Ginsbourger, en conclusion de son livre, leur donne ce conseil : « Ne te laisse pas économiser, ni psychologiser. Laisse les gouvernants et les dirigeants, les savants et les experts, avec leurs instruments de gestion réducteurs, bats-toi de façon à acquérir le pouvoir d'agir selon ta conscience, de façon à te sentir exercer au mieux ta responsabilité, de façon à acquérir du pouvoir sur ta destinée professionnelle[11]. »

11. Francis Ginsbourger, *Ce qui tue le travail*, Paris, Michalon, 2010.

Apprentissage du management

> « Le courage dans le désordre infini de la vie qui nous sollicite de toutes parts, [...] c'est d'accepter et de comprendre cette loi de la spécialisation du travail qui est la condition de l'action utile, et cependant de ménager à son regard, à son esprit, quelques échappées vers le vaste monde et des perspectives plus étendues.
> « Le courage, c'est d'être tout ensemble, et quel que soit le métier, un praticien et un philosophe. [...] Le courage, c'est d'accepter les conditions nouvelles que la vie fait à la science et à l'art, d'accueillir, d'explorer la complexité presque infinie des faits et des détails, et cependant d'éclairer cette réalité énorme et confuse par des idées générales. »
>
> Jean JAURÈS[12].

Qu'elle soit initiale ou tout au long de la vie, la formation au management suscite beaucoup de questions. Quel est le statut de ce qu'un cadre doit savoir : s'agit-il d'une science, d'une discipline académique, d'une boîte à outils, de recettes, d'une idéologie, de codes sociaux, de formules magiques dispensées par quelque gourou à la mode ?

Nous avons vu au chapitre précédent que, selon les objectifs de l'organisation, il peut être amené à combiner des savoirs disciplinaires différents et à produire lui-même l'expertise dont il a besoin. Mais il exerce toujours ses responsabilités au sein et au nom d'un collectif de personnes. Et, que ce soit dans une activité de management d'une équipe opérationnelle ou d'un service fonctionnel, dans une activité de pilotage d'un projet de conduite

12. Jean Jaurès, *Discours à la jeunesse*, Albi, 1903.

du changement, dans une activité de recherche et développement, ou dans la relation avec des clients et des partenaires, il se rend vite compte qu'on ne gère pas les hommes comme on gère les choses. Cette compétence peut-elle être enseignée et transmise ? Chaque cadre est-il voué à apprendre le management sur le tas et à acquérir par son expérience et ses erreurs les compétences sociales et relationnelles nécessaires ?

GESTION ET MANAGEMENT

Les formations au management ont connu une extension très importante au cours des dernières décennies. En formation initiale, les anciennes écoles de commerce se sont pour la plupart rebaptisées Management Schools[13], des modules dédiés au management ont été créés dans les autres grandes écoles (écoles d'ingénieurs, Sciences Po, etc.), les universités, en particulier dans leurs masters, ont élargi leurs formations longtemps cantonnées aux instituts d'administration des entreprises (IAE). Le marché de la formation continue est également en développement. Il propose aussi bien des formations aux techniques de management que des stages faisant référence au développement personnel, à l'intelligence émotionnelle, au *coaching,* au *leadership,* à la valorisation des talents, etc. Le système anglo-saxon des MBA censé valoriser l'expérience s'est implanté largement en France.

Deux tendances peuvent être discernées quant au contenu de ces formations. D'un côté, les sciences de gestion en tant que sciences de la décision, les modélisations mathématiques, les approches quantitatives dominent. La formation aux outils et instruments censés objectiver les décisions et être valables sans considération des contextes et des situations est de nature à ras-

13. Il ne faut sans doute pas mettre toutes ces formations dans le même panier. On peut noter par exemple et sans souci d'exhaustivité, celle baptisée « Alternative management » animée par Ève Chiapello au sein d'HEC ou la chaire sur l'entrepreneuriat social à l'ESSEC Business School.

surer ceux qui ont à exercer des responsabilités de management et de pilotage. Cette orientation scientifique, à la recherche de règles universelles, prolonge les conceptions tayloriennes de division du travail selon lesquelles il est possible de « penser le travail sans le faire et de le faire sans le penser ».

Ces instrumentation et rationalisation désincarnées du management font système avec le recours croissant aux conseils et experts extérieurs à l'organisation et au secteur d'activité, et qui diffusent les préceptes successifs des modes managériales (*re-engineering, downsizing, outsourcing, new public management, lean management*). Elles font appel à la rhétorique de la rationalité et du scientisme et renforcent la *doxa* d'une unicité des finalités, des intérêts et des arbitrages de l'*Homo œconomicus*. Les dilemmes et autres choix économiques, techniques ou éthiques, doivent disparaître grâce aux outils et compétences adaptés. Les esprits sont ainsi préparés à adhérer aux principes de TINA (*There Is No Alternative*[14]) si prégnants aujourd'hui, alors même que l'innovation est plus que jamais nécessaire à la compétitivité.

Une relation critique avec le management

« Mes étudiants sont un peu particuliers au sein d'HEC puisqu'ils suivent la spécialisation "alternative management" dont je m'occupe. Ils sont à la recherche d'autres formes de management, et souvent dans une relation critique avec le management qu'ils ont pu expérimenter pendant leurs stages. Il n'est donc pas possible de poser un diagnostic général sur les étudiants d'HEC à partir de cet échantillon. Il y a aussi d'autres étudiants qui sont dans une "réflexivité critique" sur l'école. Ces derniers ont diverses possibilités académiques. Ils peuvent venir réfléchir dans la spécialisation "alternative management" mais beaucoup aussi choisissent de partir suivre des cours à l'étranger. » Ève CHIAPELLO.

14. Précepte attribué à Margaret Thatcher.

L'autre orientation conçoit la formation au management comme une formation à l'intelligence des situations, à la capacité de tirer des leçons des études de cas réels et comme l'apprentissage à la réflexion collective sur le travail. Loin d'ignorer les contradictions, les conflits et dilemmes professionnels et éthiques qui naissent toujours dans l'activité réelle, elle va favoriser l'enquête et la prise en compte de ce qui fait la particularité d'un événement ou d'un problème et qui est en même temps toujours un levier pour élaborer les solutions. Les savoirs utiles sont ceux qui permettent d'aller au plus près du réel, c'est-à-dire au plus près de ce qui résiste et de se confronter à ce qui ne marche pas comme dans les livres. Les managers peuvent devenir des experts en enquête collective et des professionnels en construction collective des décisions et des projets. C'est cette conception qui doit s'imposer.

SENS PRATIQUE ET CADRES CONCEPTUELS

Le management est une pratique qui combine *art, science* et *savoir-faire*. C'est un art dans la mesure où il revêt une dimension créative, innovante, visionnaire disent certains. Il puise dans les connaissances scientifiques, dans la mesure où il participe d'une pensée analytique et est partie intégrante d'activités très marquées par l'univers technoscientifique. C'est un savoir-faire pratique car il se fonde sur l'expérience et s'enrichit continuellement par la pratique. Ce sens pratique est essentiel. C'est lui qui permet de prendre part efficacement au jeu global et subtil du fonctionnement de chaque organisation. C'est lui qui pose le plus problème quant à son enseignement. En tant que sens pratique il est difficile d'expliciter et d'expliquer les règles appliquées. Pourtant elles indiquent avec précision, à ceux qui le possèdent, la « manière de faire », comment il faut agir.

Si la pratique du management ne s'enseigne pas dans les salles de classe comme la comptabilité ou la physique, cela ne signifie pas qu'il faille s'en remettre à des attributs et des talents innés ou au mystère du charisme personnel. Les managers apprennent en ayant une attitude réflexive sur leur façon d'agir, ils apprennent en partageant leur expérience avec leurs pairs, en réalisant aussi un travail de distanciation grâce aux cadres conceptuels développés par les sciences sociales. L'accès à la culture générale et aux sciences humaines au sens large (économie, sociologie, philosophie, sciences politiques, littérature[15]) est indispensable. Peu importe que ces cadres conceptuels aient été acquis à l'école, lors de séminaires et de colloques, ou qu'ils résultent de recherches plus personnelles. Nous en avons besoin pour être en mesure de porter un jugement indépendant sur les doctrines en vogue, sur le discours *up to date* concernant l'entreprise et ses finalités, sur les croyances sous-jacentes implicites qui conditionnent bien souvent l'attitude envers les autres et la possibilité de collaborations sereines et efficaces dans le travail.

Ce mélange de réflexion et d'action est d'autant plus nécessaire que le management est une activité au carrefour de tensions et de contradictions. Les cadres jouent en permanence avec des dilemmes, des paradoxes. Ils sont sans cesse à la recherche d'équilibres, toujours relatifs, contingents aux situations qu'ils doivent gérer. Ils ne sont pas des prestidigitateurs qui apprennent un tour, un truc et le répètent à l'infini. Ils sont plus proches des danseurs de corde qui modifient à chaque pas leur équilibre afin de ne pas le compromettre et d'aller, avec légèreté si possible, au bout de la corde, là où ils peuvent trouver provisoirement une nouvelle stabilité.

15. Sur l'intérêt de la littérature, voir la leçon inaugurale d'Antoine Compagnon, professeur au Collège de France « La littérature, pour quoi faire ? » Paris, Fayard, 2007 (et le site http://www.college-de-france.fr/site/antoine-compagnon/lecon_inaugurale.htm#|p=../antoine-compagnon/lecon_inaugurale.htm).

SAVOIRS, EXPÉRIENCE, SENS CRITIQUE, RÉFLEXIVITÉ

Comme pour la médecine, l'attitude clinique – diagnostic de la situation dans ses multiples dimensions, prescription et suivi de ses effets, bénéfiques mais aussi secondaires, c'est-à-dire non voulus ou non prévus – est nourrie des savoirs fondamentaux issus des disciplines universitaires. Dans l'apprentissage du métier de cadre, il y a des matières techniques, des disciplines bien identifiées qui constituent la panoplie de la gestion au sens large : droit, comptabilité, finances, mathématiques et statistiques, systèmes d'information, marketing, psychosociologie, etc. La liste est longue et les options très nombreuses qui ne font que refléter la complexité des organisations et de leur gestion. Il y a aussi les techniques proposées pour affronter des situations précises de travail : savoir s'exprimer, savoir écrire, savoir rapporter, savoir animer une réunion, écouter ses collaborateurs, ses clients, savoir affronter les conflits, gérer les tensions, etc.

Mais on oublie trop qu'il y a aussi les leçons de l'expérience et de la vie. En dehors des séminaires de formation, dans l'échange avec d'autres, avec ses pairs, en prenant le temps de la réflexion, il est possible d'apprendre les manières de faire avec « ceux qui font [16] ». C'est conjointement la pleine reconnaissance de la valeur de l'expérience acquise dans son parcours individuel hors des salles de classe et la réflexion théorique qui permettront aux cadres d'acquérir ce qu'il faut pour exercer effectivement un droit de critique et d'alerte dans le quotidien des organisations.

Le mot qui peut caractériser cette compétence est la *réflexivité*. C'est elle qui donne la capacité de hiérarchiser ses priorités dans un contexte de polyactivité, de multiplication

16. Dans les séminaires et colloques de l'OdC, par exemple. Rémi Huppert fait, pour sa part, observer que « la musique a ceci de commun avec le management qu'elle n'est pas faite pour qu'on en "fasse", elle n'est pas faite non plus pour être "dite", elle est faite pour être "jouée", c'est-à-dire "dite" et "faite" en même temps », Rémi Huppert, *Le Manager musicien*, Paris, Eyrolles-Éditions de l'organisation, 2007.

des contraintes, de multiplication des sollicitations et de multiplication des interlocuteurs, qui tous peuvent tirer le fil de l'action dans une direction différente. Les déplacements, les réunions, les projets, les rapports, les mails, les appels téléphoniques, les tweets et autres messages divers se succèdent et interrompent sans cesse nos activités sans espoir d'en réguler le flux. « L'arbre veut le calme, mais le vent n'en continue pas moins de souffler », nous dit un proverbe chinois.

L'apprentissage du management consiste alors à savoir prendre le recul qui permet de se frotter au réel sans s'y perdre, de repérer ce qui ne va pas mais aussi de valoriser ce qui marche – et les coopérations qui le permettent. L'apprentissage du management ne supprime pas les tensions inhérentes à leurs responsabilités. Il leur permet de les affronter avec confiance, et pour cela il donne une boussole, celle qui permet, au sens propre comme au sens figuré, de savoir où « donner de la tête ».

L'apprentissage des cadres doit se nourrir aussi de formations et de débats démocratiques sur les questions éthiques, sur les principes de justice ou d'égalité, sur l'histoire des institutions collectives, sur les rapports entre pouvoir et contre-pouvoir, sur la valeur travail, sur le syndicalisme et l'histoire du mouvement ouvrier, etc.

Les enseignements, les diplômes et les concours privilégient les savoirs abstraits. Ils sont souvent vécus comme des instruments de sélection et de classement pour l'attribution des postes. Ils doivent se mettre au service de l'acquisition ou du renforcement de la posture critique[17], de la capacité à mener des démarches heuristiques et à se forger des convictions éthiques. Tous ceux qui travaillent ensemble au sein d'une entreprise ou

---

17. « La possibilité de distinguer rationnellement entre ce que l'on appelle une *connaissance, une opinion, un dogme* (par exemple comme révélation) – contre tout argument d'autorité, c'est-à-dire non fondé en raison. Cette distinction est une faculté critique historiquement conquise. » Bernard Stiegler, *États de choc. Bêtise et savoir au XXIe siècle*, Paris, Fayard-Mille et Une Nuits, 2012.

d'une administration en ont besoin. En s'engageant dans cette voie, les cadres ne défendent pas un intérêt catégoriel, mais leur contribution à l'intérêt général. Les coopératives intègrent d'ailleurs dans leurs statuts cette nécessité d'une réflexion sur les finalités et les solidarités internes.

> **Des organisations fondées sur la confiance**
>
> « Une coopérative n'est pas le paradis sur terre, elle fonctionne bien si elle trouve une place sur son marché, comme n'importe quelle entreprise. Si l'usine Bosch à Vénissieux était transformée en coopérative, cela ne résoudrait pas le problème pour autant. Il n'y a pas de magie de l'organisation coopérative. En revanche, il faut noter que ce sont des organisations qui sont fondées sur la confiance, où les porteurs de parts sont dans des relations de coopération, de confiance et de dialogue, où les gens travaillent les uns avec les autres et non pas les uns à côté des autres, ni les uns contre les autres. » Thierry PECH.

Parcours professionnels

> « Enchaîner les optimisations de choix de job – en n'oubliant pas d'inclure dans le calcul la réversibilité des choix – n'a rien à voir avec la construction d'un projet de vie. [...]
> « Devant la diversité et la multiplicité des sollicitations qui l'assaillent, l'homme moderne est gagné par la lassitude. »
>
> Pierre VELTZ[18].

L'identité professionnelle des cadres s'est construite à partir de leurs responsabilités, de leur statut, de leur formation,

18. Pierre Veltz, *Le Nouveau Monde industriel*, Paris, Gallimard, 2000.

mais aussi fondamentalement autour de la possibilité, pour eux plus que pour les autres salariés, de « faire carrière ». Sur un marché du travail dominé par les grands employeurs, entreprises et administrations, une progression professionnelle régulière, l'élargissement de ses responsabilités étaient des éléments tangibles majeurs d'une vie professionnelle réussie. La loyauté et l'engagement d'un « salariat de confiance » trouvaient là une contrepartie gratifiante personnellement et socialement. L'ascenseur social fonctionnait au sein de la population des cadres et plus largement. Les techniciens et contremaîtres pouvaient le devenir, les multiples centres de formation du CNAM, créé en 1794 pour « perfectionner l'industrie », y aidaient si besoin.

MOBILITÉ, EMPLOYABILITÉ, TRANSITIONS

La vie professionnelle d'une majorité des cadres comporte désormais des ruptures et des changements. Les cadres, qui se croyaient protégés, ont vécu l'épreuve des licenciements. Les petites et moyennes entreprises, dans leur diversité, sont devenues des employeurs plus importants sans pouvoir offrir les mêmes possibilités de promotion. Les grandes entreprises ne sont désormais ni capables ni désireuses d'offrir la garantie de l'emploi. Au contraire, elles invitent leurs salariés à gérer eux-mêmes leurs compétences et leur employabilité, à être « entrepreneurs d'eux-mêmes », tout en faisant peu pour qu'ils puissent être mobiles dans des conditions acceptables de sécurité.

La capacité à adopter la posture du manager, en plus de celle de l'expert, doit s'acquérir de plus en plus souvent dans le pilotage de projets à durée de vie limitée et au sein de collectifs éphémères. La possibilité de favoriser les relations de coopération et le temps de la réflexion pour tirer les leçons de l'expérience font souvent défaut. Les suites données aux projets sont parfois aléatoires et l'évaluation d'une contribution personnelle à la réussite d'un projet est souvent opaque. La vie d'un chef de projet est faite davantage de hauts et de bas que de possibilités de démontrer sa capacité à accéder aux fonctions supérieures de l'entreprise. On ne fait pas carrière en empilant des projets.

Ce sont les transitions professionnelles qu'il faut valoriser, accompagner et sécuriser afin de trouver sur le marché du travail des conditions de reconnaissance et de progression comparables à celles qu'offraient les marchés internes et « passer d'une étape de sa carrière à une autre en toute sécurité[19] ». Cela commence dans l'entreprise avec une exigence accrue d'anticipation et de préparation des évolutions professionnelles des salariés en phase avec celles des métiers lors des négociations obligatoires sur la gestion prévisionnelle des emplois et des compétences (GPEC) et en dehors de toute perspective de licenciement collectif.

Sécuriser les mobilités, c'est aussi *veiller à l'entretien des compétences et de l'employabilité des salariés*. On aurait tort de croire que ceci ne concerne pas les cadres, dont le niveau de formation initiale est élevé. En raison notamment de l'évolution rapide des technologies, les cadres qui se retrouvent au chômage alors qu'ils n'ont pas eu l'opportunité de suivre une formation continue sérieuse en cours de vie professionnelle ont les plus grandes difficultés à retrouver un emploi. L'accélération de l'obsolescence des compétences, tout comme les barrières à l'emploi dues à l'âge touchent les cadres comme les autres salariés.

Il y a un système de signaux à construire sur les qualifications et les compétences des candidats à une promotion ou à une embauche, signaux qui ne peuvent se réduire à une information sur le diplôme et l'ancienneté. Le projet d'accord national interprofessionnel sur la GPEC soumis à la signature des partenaires sociaux le 14 novembre 2008 prévoyait l'instauration d'un *bilan d'étape professionnel*, repris de l'accord national interprofessionnel du 11 janvier 2008 sur la modernisation du marché du travail. Ce bilan était destiné à inventorier à intervalle régulier, et

---

19. Sur ce sujet Bernard Gazier, *Tous sublimes. Vers un nouveau plein-emploi*, Paris, Flammarion, 2003.

de manière prospective, les compétences des salariés. Il est urgent que les négociations entre partenaires sociaux reprennent et aboutissent sur ce point, en précisant notamment les règles de bonne conduite permettant d'éviter qu'il ne dégénère en mesure coercitive, inquiétante ou stigmatisante, et qu'il soit au contraire générateur de plus de justice dans le déroulement des carrières.

Les mesures temporaires qui permettent de ne pas rompre le contrat de travail, chômage partiel, mise à disposition ponctuelle, plate-forme locale de mobilité, groupements d'employeurs, peuvent, pour leur part et à condition d'être négociées et de s'inscrire chaque fois que c'est possible dans le cadre des territoires et des bassins d'emploi, contribuer à sécuriser concrètement les parcours professionnels.

Une question de justice

« Depuis vingt ou trente ans, on a assisté à une forme de dérégulation des carrières dans les grandes entreprises françaises qui auparavant, du fait de la double existence de réseaux RH assez forts et de syndicats présents, assuraient une gestion de carrière à leurs cadres. Il y avait chez ces "vieilles dames", ces fleurons de l'économie française qui se sont structurés il y a longtemps, un souci d'équité, de justice, sur la gestion des carrières, qui allait de pair avec une certaine forme de rigidité.

« Pendant les dernières décennies, on a assisté dans ces entreprises à une ouverture des possibles et à une réduction des contraintes, des procédures, de la bureaucratie qui produisaient en même temps de la justice et une certaine rigidité. Par ailleurs, on rencontre beaucoup d'entreprises nouvelles, notamment dans le secteur informatique/télécoms, qui se sont créées quasiment sans réseau RH et bien sûr sans présence syndicale. Donc il existe des entreprises où il n'y a quasiment aucune régulation des carrières, le tiers "ressources humaines" y étant très faible. Les fonctions RH sont de moins en moins puissantes, c'est une tendance lourde.

« Face à cette évolution, on a assisté à plusieurs phénomènes. La progression des carrières peut être assurée par le supérieur hiérarchique mais elle l'est de plus en plus par la mise en place de "marchés internes". On publie les postes et le cadre peut candidater. Quand il n'y a pas de régulation RH, on a un mélange de marché et de réseautage, qui pose des questions de justice et d'équité. Dans ce contexte, l'évaluation individuelle annuelle qui n'a cessé de se développer est la seule procédure qui reste ; elle est mise à toutes les sauces pour faire croire que les carrières sont toujours gérées et que la justice règne dans l'évolution de carrière des personnes ; mais l'objectivité de ces évaluations est sujette à caution. » Ève CHIAPELLO.

DISCRIMINATIONS ET CONSANGUINITÉ

Lorsqu'on compare les carrières des femmes à celles des hommes, ce sont les sentiments d'injustice et d'arbitraire qui dominent. Tout comme les hommes, les femmes cadres sont sélectionnées sur leur diplôme initial, lequel s'avère un facteur très structurant des parcours professionnels puisque aujourd'hui peu nombreux sont les cadres qui obtiennent, par formation continue ou par validation des acquis de l'expérience, un diplôme en cours de carrière. En ce sens, la réussite scolaire des femmes, aujourd'hui meilleure, devrait être un atout. Mais cette égalité devant les épreuves académiques est largement contrecarrée par les représentations sociales des rôles des uns et des autres notamment dans la sphère privée.

L'ascension professionnelle des femmes est clairement impactée négativement par l'arrivée des enfants alors que le même événement peut favoriser la carrière des pères. Cette disparité est plus accentuée chez les cadres que chez les autres salariés[20]. Cette question, tant pour les entreprises privées que pour les administrations, ne peut pas être considérée comme annexe ou relevant de la vie privée. Il faut dans ce domaine une vraie

20. Voir le chapitre I, l'écart de salaire médian entre hommes et femmes cadres, faible à 30 ans (environ 1 000 euros par an), atteint 10 000 euros par an entre 45 et 49 ans. Source : « Femmes cadres et hommes cadres : des inégalités professionnelles qui persistent », Apec, mars 2011.

rupture pour enfin progresser dans la voie d'un meilleur équilibre pour tous. La question de la parentalité est centrale. Il faut innover et marquer par des symboles les évolutions souhaitées. C'est en ce sens que la CFDT Cadres propose un congé du père d'une durée équivalente à celui de la mère pour signifier aussi l'égalité d'engagement dans l'éducation de l'enfant. Au-delà des effets dans la vie privée et sur les représentations, une telle mesure obligerait à reconsidérer l'organisation du travail, la gestion des horaires et celle des présences et des absences qui, de façon insidieuse, sont les marqueurs et les freins à l'égalité de carrière entre les hommes et les femmes.

L'équilibre « vie privée-vie professionnelle » est source de tensions et de conflits gérés dans l'urgence et dans l'informel. Il devrait être pensé en termes d'enrichissement personnel pour les salariés et en termes positifs par les entreprises : amélioration de la productivité, fidélisation des salariés, bien-être au travail, meilleur climat social, amélioration de l'image de l'entreprise.

À ce « plafond de verre » pour les femmes s'ajoute une autre césure. Le diplôme initial – ou plutôt la notoriété de l'organisme qui le délivre, grandes écoles, écoles de commerce, universités, etc. – détermine la position hiérarchique à l'entrée dans la vie professionnelle et celle-ci détermine fortement la suite de la carrière. Un nouveau « plafond de verre », invisible mais bien réel, s'est établi entre les cadres et les cadres supérieurs. Ces derniers bénéficient de signes de reconnaissance symboliques mais aussi matériels (stock-options, retraite chapeau) en échange de leur entière disponibilité pour l'entreprise, avec les contraintes qui en découlent.

Dirigeants et managers

« Le terme de "cadre" ne doit plus être employé pour ceux qui entrent dans l'univers des stock-options et des retraites chapeau ; ceux-là sont passés du côté des dirigeants. Participer à la direction collective d'une entreprise, ce n'est pas participer au management. Car le propre du management, c'est de conduire une organisation. Et conduire une organisation c'est la conduire à tous les niveaux, la conduire près du terrain, la conduire même dans les fonctions modestes. Le paradoxe aujourd'hui est que l'on enseigne peut-être à être dirigeant – celui qui surplombe la réalité – mais pas à être manager – celui qui organise la coopération. » Pierre ROSANVALLON.

Dans les grandes entreprises, les « hauts potentiels » sont détectés en début de carrière et leur parcours est organisé pour les préparer à occuper des fonctions de cadre supérieur et de dirigeant. Beaucoup d'opacité règne sur ce mode de sélection, qui engendre un sentiment d'arbitraire. La tentation est forte pour un dirigeant de considérer qu'un haut potentiel est quelqu'un qui lui ressemble quand il avait son âge. Du coup, ce n'est pas seulement en ayant fait ses preuves dans l'entreprise que l'on devient cadre supérieur, c'est en mobilisant son réseau à l'intérieur, mais aussi à l'extérieur de l'entreprise. Ce jeu de cooptation très endogame donne un avantage supplémentaire non avoué aux élites masculines issues des grandes écoles. Il produit de l'homogénéité et de la consanguinité, là où il faudrait de la diversité.

L'UNITÉ D'UNE VIE[21]

Un marché du travail plus fluide, comportant davantage de mobilités, moins écrit à l'avance, est possible et gratifiant sous certaines conditions. La première est que chacun soit à égalité sur la ligne de départ et que les transitions professionnelles soient davantage accompagnées et sécurisées, sur les marchés internes comme externes. Pour les cadres comme pour l'ensemble des salariés.

---

21. En 1994, Jacques Delors a publié un livre intitulé *L'Unité d'un homme* (Paris, Odile Jacob, 1994). Dans ces entretiens avec Dominique Wolton, il retrace son « périple jalonné tantôt par une action modeste et militante, tantôt par une participation importante aux événements ».

Mais c'est insuffisant. Ces transitions répétées dans un monde devenu plus « liquide », même accompagnées et encadrées, ne transforment pas les cadres en nomades ou en mercenaires sans dommages pour eux-mêmes et sans dégâts pour les entreprises et les administrations. La mobilité est aussi affaire de ressources inscrites dans une biographie, entendue comme la construction personnelle de son autonomie et de l'unité de sa vie. Le maintien et l'enrichissement d'une identité digne d'estime, d'une vie qui ait un sens pour soi, nécessitent plus qu'un va-et-vient chaotique entre des situations, des projets, des équipes.

L'autonomie attendue des cadres dans l'exercice de leurs responsabilités et dans la conduite de leur carrière a besoin d'un cadre juridique et institutionnel. Elle a plus besoin de sécurité que d'injonctions idéologiques. Mais l'autonomie est aussi une donnée subjective et comme telle singulière et fragile. C'est d'abord un processus au cours duquel chacun tente de devenir plus autonome, plus libre de ses choix : « C'est parce que les déterminations sont diverses et contradictoires que l'individu est condamné à faire des choix, à développer son autonomie, à se construire comme un sujet décidé à orienter son existence[22]. »

On ne naît pas autonome, on le devient

« On ne naît pas individu autonome, on le devient au terme d'une construction juridique, sociale et politique. Or notre société est rongée par les discriminations, ce qui entraîne une coupure croissante entre

22. Vincent de Gaulejac, *L'Histoire en héritage. Roman familial et trajectoire sociale*, Paris, Desclée de Brouwer, 1999. Dans ce même ouvrage, l'auteur tente « de comprendre comment les phénomènes psychiques et sociaux s'influencent réciproquement et d'analyser les circularités dialectiques qui vont du désir d'être aux choix professionnels, du narcissisme au statut social, des fantasmes aux représentations sociales, de l'idéal du moi aux investissements idéologiques, des affects aux stratégies matrimoniales ». Il propose cette hypothèse que « l'individu est le produit d'une histoire dont il cherche à devenir le sujet ».

richesse héritée, richesse produite et la constitution d'un monde dans lequel le rentier et le spéculateur dominent l'entrepreneur et le cadre. » Pierre ROSANVALLON.

Cette construction peut s'apparenter à un « bricolage de soi[23] » où il faut trouver des solutions même modestes avec les éléments disponibles. Elle n'est jamais exempte du syndrome de l'illusion biographique qui nous fait écrire l'histoire d'une vie, ou d'une carrière professionnelle, comme si elle résultait d'un projet, d'une intention initiale fondatrice supposée être en mesure de donner une cohérence à nos trajectoires personnelles. Bien sûr, nous nous fabriquons dans un environnement socio-économique et dans des expériences collectives. Elles ne nous sont pas propres, mais la somme et la succession de ces expériences font toujours de nous des êtres uniques, singuliers, des singularités, pour le dire comme Pierre Rosanvallon.

S'engager dans l'organisation et s'y construire

« La gestion des collectifs de travail par la gestion des règles générales, par la détermination de conditions d'emploi, par la détermination de protections, est très importante, mais il y a tout un nouveau volet qu'il faut prendre en compte : celui de la gestion des situations individuelles. Le syndicalisme, c'est l'émancipation du genre humain, ce n'est pas seulement la régulation du collectif ; c'est aussi la libération de l'individu, la réalisation de son autonomie sans qu'elle soit vampirisée par l'organisation de la production. [...] On voit bien que c'est autre chose que le changement de la propriété qui est en cause. Si aujourd'hui on voulait avoir une vision positive utopique de l'entreprise de demain, ce ne serait pas simplement l'entreprise qui change-

23. Philippe Corcuff propose cette expression en l'opposant à la formule élitiste prêtée à Oscar Wilde « Devenir une œuvre d'art est l'objet de la vie » ; Philippe Corcuff, *Où est passée la critique sociale ? Penser le global au croisement des savoirs*, Paris, La Découverte, « Bibliothèque du MAUSS », 2012.

rait de propriété mais l'entreprise qui redéfinirait la gestion comme centrée sur l'individu, sur le respect de son autonomie et dans laquelle il y ait un équilibre entre la mise au service de l'engagement de l'individu dans l'organisation et la possibilité qu'il s'y construise lui-même. » Pierre ROSANVALLON.

À cet égard, les expériences collectives que nous vivons au travail sont centrales et majeures. Moins les trajectoires professionnelles sont linéaires et plus nous avons besoin d'en penser le sens au double sens du terme, comme signification et comme direction. Les cadres comme les autres doivent pouvoir mener ces réflexions au croisement du travail, de son organisation et des histoires individuelles qui s'y jouent. Nous avons déjà évoqué le besoin de mise en discussion du travail et des manières de faire. Cette réflexivité doit être élargie pour traiter solidairement des questions pratiques et théoriques, des dilemmes professionnels et éthiques, des enjeux collectifs et individuels.

Au-delà de l'accroissement des compétences professionnelles individuelles et collectives, la réflexivité ouvre nécessairement sur le sens que chacun donne à sa vie. Ce travail dans lequel se forme le sujet, dans ses composantes professionnelles mais aussi éthiques, dans lequel se forme le travailleur compétent en même temps que le citoyen majeur et responsable de ses actes, ne peut pas être de la seule responsabilité des employeurs. Ils ont trop à y gagner néanmoins pour ne pas le favoriser, le reconnaître, lui donner le temps qu'il faut.

Demande de sens dans un environnement mouvant et incertain

« En premier lieu il y a une profonde demande de sens, à la fois des salariés et des cadres, qui sont aussi des salariés, dans un environnement mouvant et incertain. Ce qui est important pour le cadre, c'est de donner du sens. Pour le faire, il faut partager sa vision, mettre sur la table les problèmes, prendre le temps de le faire, faciliter les coopérations, c'est absolument fondamental. » Barbara DALIBARD.

« Nous avions une communauté de travail qui était ensemble pour produire ou rendre un service. Derrière ce produit ou ce service, se créaient des identités professionnelles fortes ; aujourd'hui l'objet c'est la rentabilité financière ou, dans la fonction publique, le coût du service. Donc nous avons une transformation de l'objet du travail qui amène un vrai problème d'identité professionnelle. Puisque c'est sur le sens justement que se forgent les identités professionnelles et les appartenances collectives, la perte d'identité professionnelle peut amener des gens à se poser la question de leur propre existence. La perte de sens peut conduire à des drames comme on en rencontre dans certaines entreprises. » François CHÉRÈQUE.

« Il existe aussi la spécificité nouvelle des formes d'aliénation. Le terme d'aliénation était très employé dans les années 1970, on l'emploie moins aujourd'hui. La chose est plus présente que jamais dans le travail, seulement le type d'aliénation a changé de nature. Avant, c'était l'assignement à des prescriptions, on était pris dans la cadence, dans la règle qui emprisonnait, maintenant, c'est la façon dont la capacité d'autonomie de la personne, son engagement, est manipulée par l'organisation. On veut s'engager, être autonome, prendre des initiatives, parce que c'est une condition de l'émancipation personnelle, mais ces conditions de l'émancipation sont manipulées par l'organisation. Et cela pose une question nouvelle : le problème du travail n'est pas seulement lié à la discussion des règles mais aussi à la discussion des psychologies dans l'entreprise. Il y a un nouveau front de la souffrance au travail, qui est le revers des dysfonctionnements de la coopération, lesquels sont liés non seulement à des règles mais à des psychologies, avec les figures du manipulateur et du pervers. » Pierre ROSANVALLON.

Conclusion

Vivent les cadres !

Tout cadre est par sa fonction au service des ambitions de son entreprise : créer, fabriquer le meilleur produit ou rendre le meilleur service au moindre coût, anticiper pour s'adapter dans les meilleures conditions, etc. Concrètement, cela se traduit par l'impératif d'atteindre les objectifs assignés et de préparer l'avenir grâce aux compétences et à la mobilisation de l'ensemble des salariés. Tout cadre porte en lui une part de l'ambition entrepreneuriale de son organisation – qu'elle soit privée ou publique – et doit en être solidaire.

Pour autant, les logiques entrepreneuriales ont besoin de règles et de limites. Spontanément, elles portent plus vers l'*hubris* que vers l'équilibre et la modération. Le pouvoir des dirigeants peut vite devenir exorbitant. L'admiration spontanée que l'on porte à ceux qui ont su, en partant quelquefois de rien ou de peu, créer une entreprise et la développer s'accompagne du constat que ces réussites reposent sur des déséquilibres. Ce que l'on demande à soi-même génère spontanément une tendance à le demander aux autres, puis à l'exiger d'eux, alors que ceux-ci n'ont pourtant pas les mêmes intérêts, ni la même ambition et ne demandent pas nécessairement à la vie le même type de satisfactions. Sans compter bien sûr l'inégale distribution du capital social et financier.

Ainsi, et pour de bonnes raisons, se sont créés au fil de l'histoire des contre-pouvoirs, non pour contrecarrer la démarche entrepreneuriale, mais pour l'obliger à prendre en compte d'autres paramètres que ceux de sa seule dynamique. Le droit du travail est pour beaucoup le produit de cette réaction ; la représentation collective et la protection des droits des salariés en découlent également. Enfin l'élévation de leur niveau culturel a poussé les salariés, individuellement et collectivement, à négocier les conditions concrètes de leur implication et de leur loyauté. Ceci est particulièrement vrai pour les jeunes de la « génération Y », même si la relation de subordination reste constitutive du contrat de travail et si les cadres ne sont pas devenus des mercenaires.

Le cadre n'est pas lui-même un entrepreneur, mais il participe à l'acte d'entreprendre en étant beaucoup plus que la simple courroie de transmission du patron. Du fait de sa place dans l'organisation du travail, à l'interface entre la direction et les autres salariés, il se trouve à la croisée de ces différentes logiques, celles du pouvoir entrepreneurial et celles de ses contre-pouvoirs. S'il ne peut se défausser des responsabilités qu'il accepte par délégation de la direction, il lui revient de savoir respecter non seulement la lettre mais aussi l'esprit des lois sociales et la contribution des instances de représentation du personnel et du dialogue social. Il lui faut prendre en compte ceux que la sociologie des organisations nomme des « acteurs », à savoir des personnes qui entendent peser sur l'organisation du travail qui les concerne.

Cela donne au quotidien de la fonction de cadre une réalité insuffisamment mise en lumière : celle de devoir effectuer – souvent en temps réel – des arbitrages, grands ou petits, entre des logiques différentes, toutes légitimes. Et donc d'inventer et souvent de négocier les compromis ou les arrangements que chaque situation leur paraît imposer. Pour cela, il ne leur suffit pas de faire appel à des méthodes rationnelles de résolution de problèmes ou de prise de décision. La qualité de leurs arbitrages va dépendre grandement de leur système de valeurs, produit à la fois par leur niveau de maîtrise des données sociologiques, économiques et psychologiques et par les convictions que leur histoire de vie a forgées. C'est là que se situe la vraie responsabilité des cadres, impossible à déléguer parce que nécessairement individuelle. C'est sur elle qu'ils doivent prioritairement être jugés, parce que c'est dans ce rôle qu'ils sont fondamentalement producteurs de valeur. S'ils se contentent d'être seulement dans la logique de leur employeur et d'appliquer la lettre des consignes managériales ou des textes juridiques, ou à l'inverse s'ils se font seulement les porte-parole des revendications et des craintes de leurs collaborateurs, alors leur contribution sera insuffisante au regard de ce qu'il est légitime d'attendre d'eux.

Expertise, autonomie, responsabilité

Trois mots sont présents tout au long de ce livre. Ils ne définissent pas à proprement parler l'activité des cadres, ils ne désignent pas des qualités ou des substances qu'ils seraient les seuls à posséder, ils ne disent rien de leur statut ni du montant de leur retraite. Pourtant les cadres les chérissent, ils les utilisent avec fierté pour parler de leur travail, ils sont prêts à lutter pour en avoir davantage. Ces trois termes sont : expertise, autonomie et responsabilité.

Ces trois mots sont positifs. Ils ne revendiquent aucun privilège ni aucune protection. Ce ne sont pas des denrées en quantité limitée qu'il faudrait partager dans un jeu à somme nulle. On n'est pas moins expert, moins autonome, moins responsable lorsque les autres le sont aussi. L'être plus n'enlève rien aux collègues. S'il est plus demandé aux cadres sous ces trois registres, ceux-ci savent aussi qu'ils se nourrissent dans les échanges et le travail en équipe, et s'étiolent dans le repli sur soi ou le mépris.

Ils sont positifs aussi parce qu'ils sont associés à une vision émancipatrice du travail. Ces trois mots ne parlent pas seulement d'activités professionnelles, de travail, de labeur. Ils sont liés au progrès scientifique et technique comme aux progrès sociaux et politiques. La promesse de la modernité n'était pas seulement celle du confort matériel et des avancées de la médecine. Elle était aussi celle de l'émancipation entendue comme une plus grande capacité à s'autodéterminer en dehors des pouvoirs de la tradition ou des forces aveugles de l'argent et des idéologies. La démocratie n'a jamais été dans les entreprises ; elle en constituait néanmoins l'environnement politique indispensable.

Ces trois mots n'ont rien perdu de leur attractivité et de leur force. En revanche, ils ont perdu de leur évidence. Ils désignent toujours ce à quoi les cadres aspirent et un condensé de leur éthique commune, mais leur signification concrète semble nous échapper. Leur utilisation s'accompagne désormais de doutes, de scepticisme, de mal-être ou de culpabilité lorsque la liste des choses à faire s'allonge sans fin. Qu'en est-il pour chacun de ces termes ?

L'*expertise* au travail est plus que jamais cruciale. Elle est largement répandue et beaucoup de cadres peuvent avoir des subordonnés plus experts qu'eux dans un domaine ou dans un autre. Ce n'est pas facile au quotidien, mais c'est stimulant. La frilosité dans ce domaine n'est pas bonne conseillère. Des craintes légitimes portent sur la validité des expertises acquises. La date de péremption est toujours plus proche lorsque l'objectif est sans cesse d'innover. La lutte semble engagée chaque jour entre le temps nécessaire à l'acquisition et à l'appropriation de nouvelles compétences et leur obsolescence. Se former à une nouvelle technologie, aborder un nouveau marché, mettre en place une nouvelle organisation, tout cela permet de progresser lorsque c'est vécu comme une période de renouvellement et d'apprentissage inscrite dans un parcours, lorsque ces transitions constituent « les matériaux de base de nombreux récits que nous pourrions faire de nous-mêmes, de nombreuses histoires que nous pourrions élaborer pour déterminer notre identité[1] ». Il est en revanche beaucoup plus difficile d'accepter de s'entendre dire que ce qu'on a appris ne vaut plus rien, de voir son expérience en danger permanent d'être dévaluée, en ayant le sentiment d'une course fébrile et sans direction, une course où l'innovation ne vaut plus que pour elle-même.

L'*autonomie* est depuis plusieurs décennies au cœur de toutes les préconisations et de tous les discours sur le management. La promesse d'autodétermination appartient bien sûr davantage au registre politique qu'au registre professionnel. Le contrat de travail ne cache pas la relation de subordination. Mais le rôle particulier des cadres s'accommode d'un maximum d'initiatives et de liberté. C'est une façon moderne d'apporter volontairement sa pierre à un collectif au sein duquel l'activité se réalise et trouve un sens, sans être obligé de choisir entre « se soumettre ou se démettre ». Cette aspiration ne fait pas bon ménage avec la déshumanisation d'organisations où dominent les visions abstraites et gestionnaires de la division du travail. En matière d'autonomie, « dire ce n'est pas faire ». Le sentiment est inverse. Pour beaucoup, la répétition des injonctions à l'autonomie s'est accompagnée d'une plus grande difficulté à la mettre en œuvre pratiquement. Plus on en parle et moins on en a. Au mieux elle est synonyme de marges de manœuvre à préserver ou à conquérir. L'autonomie est plus que jamais nécessaire, mais ses limites sont plus floues au fur et à mesure qu'augmentent le travail en réseau, les coordinations multiples, les interdépendances avec les collègues et les partenaires.

La *responsabilité* est la contrepartie de l'autonomie. Y mettre du sien, ne pas compter ses heures pour atteindre l'objectif, prendre des décisions et les assumer, en un mot exercer ses responsabilités, c'est l'honneur professionnel des

---

1. Hartmut Rosa, *Aliénation et accélération*, Paris, La Découverte, 2012.

cadres. Affirmer les devoirs liés à la fonction est aussi une manière de dire : « Je sais ce que j'ai à faire et je sais comment le faire, il n'est pas nécessaire de me commander ni de me contrôler. » La responsabilité est un principe d'action, une responsabilité « de faire et de dire », de rendre compte et aussi de prendre soin. Or c'est bien souvent un sens différent qui prévaut aujourd'hui. La responsabilité semble avoir changé de sens et de portée. Être responsable c'est toujours rendre des comptes, mais de plus en plus souvent pour des actions à « imputation confuse ». C'est devoir assumer individuellement le résultat d'un travail exécuté en référence à des mandats eux-mêmes confus et avec des moyens qui généralement n'ont pas été négociés. C'est devoir « prendre ses responsabilités » alors que le recours judiciaire se développe et que s'impose la vision d'un monde divisé en victimes et bourreaux. Au moment où nous appelons les cadres à leurs responsabilités et les organisations à les valoriser, il faut aussi rappeler que si « être responsable, c'est forcément être coupable », alors il ne faut pas s'étonner de la montée du stress, des refus de responsabilité et des envies de retrait.

Comment résister à la crainte de ne pas être à la hauteur comme à la tentation de Venise ? D'abord par le travail collectif autour des enjeux que nous avons identifiés, les trois questions clés que sont les pratiques d'évaluation du travail, l'apprentissage du management et la construction de parcours professionnels gratifiants. À condition de ne pas ignorer le contexte concret et le fait que la compétition y règne. La compétition entre entreprises bien sûr, mais aussi la compétition entre les cadres eux-mêmes. Qu'on ne s'y trompe pas. L'idée de compétition est appréciée par beaucoup de cadres, qui pour la plupart sont sortis gagnants de la compétition scolaire. La compétition sportive est souvent présente dans les formations. Les tensions intérieures entre le pôle social épris de cohésion et de bien commun et le pôle individuel épris de réalisation personnelle, de liberté et de singularité sont au cœur de notre condition humaine. Gardons en tête le triptyque gagnant, selon lequel la compétition stimule, la coopération renforce et la solidarité unit[2]. Il signifie que la compétition crée une émulation bénéfique si et seulement si les règles du jeu sont connues, admises, transparentes, simples, justes.

Et si là était le problème ? Lorsque le rôle des cadres et les attentes à leur endroit sont confus et contradictoires, lorsque les évaluations et les enseignements sont éloignés de la réalité du travail, lorsque les promotions sont suspectes d'arbitraire, voire de discrimination, lorsque les parcours professionnels sont chaotiques, la solution ne réside pas dans un surcroît de contrôle, de procédures, de normes. Elle vient d'une clarification collective des règles du jeu, en particulier dans les trois domaines où nous avons choisi de lancer des alertes dans ce livre.

Les controverses et la réflexivité auxquelles nous appelons, les débats qu'organise l'Observatoire des cadres n'ont d'autre objectif que de mettre au jour des règles qui ne fonctionnent plus ou qui fonctionnent malgré nous, et de construire celles qui sont pertinentes et qui pourront emporter l'adhésion des cadres. Le temps consacré à une meilleure connaissance du travail et à ce qui en fait la qualité, le temps consacré à connaître et reconnaître ceux qui l'accomplissent et à les faire progresser sont des temps menacés par l'accélération du rythme des changements. La technique ne nous offre pas davantage de temps disponible. Elle augmente le nombre de tâches à accomplir et la pression de l'urgence. Il est important de compter ses *followers* sur son compte Twitter, mais la priorité est peut-être ailleurs. Elle est plus sûrement de se libérer précisément de la dictature de l'urgence et de se souvenir que, dans une autre compétition, la tortue qui « se hâte avec lenteur » l'avait emporté sur le lièvre qui pourtant « partit comme un trait, mais les élans qu'il fit furent vains[3] ».

2. La formule est de Jacques Delors.
3. Jean de la Fontaine, « Le lièvre et la tortue », 1668.

Les cadres, acteurs clés de la compétitivité

Le travail, son organisation et son management ont beaucoup changé depuis trente ans. Pour faire baisser les coûts et « créer de la valeur » pour les actionnaires, on a raccourci les lignes hiérarchiques remplacées par des systèmes de *reporting* informatisés et déshumanisés. On a taylorisé le management au seul bénéfice des résultats financiers de court terme et l'écart s'est amplifié jusqu'à l'absurde entre des discours qui appellent à la prise d'initiative, au travail coopératif et des pratiques qui, à l'inverse, multiplient les exigences de *reporting* en réduisant d'autant l'autonomie des managers et la confiance faite au professionnalisme et à l'intelligence des salariés. On a parlé de travail d'équipe et on a individualisé les rémunérations, oubliant que la performance est d'abord collective. On a tenté de faire croire que la performance d'une entreprise se résumait à la qualité visionnaire de son P-DG – qu'il fallait rémunérer en conséquence –, déclinée dans tous les services au moyen d'une kyrielle de progiciels et autres outils. On s'est lourdement trompé.

Au moment où l'on commence à convenir qu'il est urgent de sortir de cette phase des « Trente Financières » pour retrouver les clés d'une compétitivité durable, un besoin très fort de renouveau du rôle des cadres se fait jour. Lorsqu'ils veulent être associés à la formulation des critères qui président à la mesure de la performance, à l'évaluation du travail et aux promotions professionnelles, lorsqu'ils réclament que soient écoutées les leçons de leur expérience et de ce qu'ils vivent au travail, les cadres ne demandent pas assistance ou compassion. Ils ne demandent pas non plus à être exonérés de responsabilités qui seraient devenues trop lourdes à porter. Ils veulent changer les règles du jeu parce que celles qui prévalent aujourd'hui sont destructrices des hommes et, à terme, des organisations.

Les cadres sont là pour créer la cohésion des équipes, gage de performance de l'organisation et de progression professionnelle des salariés qui en sont membres. Investis d'un travail de traduction et d'interprétation permanente, ils sont ceux qui articulent l'individuel et le collectif, le quotidien et la stratégie, la routine et l'innovation. Ce rôle des cadres prend une ampleur nouvelle – et l'exercice de leurs responsabilités est plus que jamais crucial – dans les économies très concurrentielles, où les fondamentaux de la RSE et du développement durable (la conciliation de l'économique, du social, du respect de l'environnement comme des générations futures) deviennent plus prégnants. Les cadres sont d'autant plus importants et nécessaires qu'ils sont, à la fois, un prototype du travailleur de demain, expert, autonome et responsable, et les acteurs d'un avenir à inventer.

Postface

Lorsque, dans les années 1930, les cadres ont commencé à être reconnus comme catégorie sociale, ils étaient perçus comme une courroie de transmission des directives du patron. C'est pourquoi pendant longtemps le syndicalisme a été réticent à les accueillir. Mais aujourd'hui les cadres ont toute leur place dans le mouvement syndical, leur apport est même devenu stratégique pour une confédération comme la CFDT.

Ce livre montre bien que la catégorie des cadres s'est considérablement développée numériquement, qu'elle s'est diversifiée, qu'elle s'est féminisée (encore insuffisamment et sans pour autant qu'il y ait plus de mixité dans les métiers). Les cadres, même s'ils exercent un rôle spécifique, sont désormais des salariés à part entière. Comme les autres salariés, ils sont confrontés au chômage, ils craignent pour leur emploi, ils subissent la pression et connaissent le stress, ils redoutent que leurs compétences ne deviennent obsolètes. Comme les autres salariés, ils sont attachés à leur travail, ils aspirent à la reconnaissance de leur expertise et de leur engagement, ils veulent progresser professionnellement et souhaitent une meilleure conciliation de leur vie professionnelle et de leur vie personnelle.

L'OdC l'affirme avec force dans cet ouvrage : il n'y a pas et il ne peut y avoir d'organisation sans cadres. Certaines théories managériales ont voulu nous faire croire que la clé de la performance d'une entreprise résidait dans la qualité visionnaire de son patron et dans des progiciels de gestion adaptés pour fixer des objectifs individuels à chaque salarié. Rien n'est plus faux. Dans toute organisation il y a des équipes de travail. La performance vient d'abord de la qualité de la coopération entre les salariés et de la mutualisation des savoirs. Elle demande en même temps que l'entreprise sache reconnaître et récompenser les efforts de ses salariés. Pour mettre cela en place il faut des cadres, dont le rôle est irremplaçable pour dynamiser les équipes, favoriser les synergies et les coopérations, identifier les difficultés et dégager les moyens permettant à chacun de bien faire son travail.

Mais il y a plus. Les dirigeants d'entreprise ont longtemps considéré que l'organisation du travail était une prérogative exclusivement patronale, qu'elle ne regardait en rien les salariés, ni leurs représentants. Les choses sont en train de bouger. Grâce aux organisations syndicales, les dirigeants et leurs représentants commencent à admettre que la qualité de vie au travail n'est pas simplement affaire de lutte contre les risques psychosociaux et de gestion des conséquences négatives du travail. Elle dépend aussi et surtout de la capacité à questionner et repenser les organisations de travail, le management, le mode d'évaluation des salariés, bref à donner sens au travail. Et, sur tout cela, les cadres sont en première ligne.

Un exemple parmi d'autres : l'usage des technologies numériques d'information et de communication. On s'aperçoit aujourd'hui qu'en dématérialisant les contacts et en favorisant l'immédiateté, les technologies numériques ont contribué à amplifier la dictature du temps court. Une réflexion collective est nécessaire sur les limites à se fixer pour permettre une prise de recul et trouver des modalités et des rythmes plus humains, mais tout autant efficaces, dans le travail.

Autre exemple : l'OdC nous invite à repenser les modes d'évaluation collective et individuelle de l'ensemble des salariés. L'évaluation doit mettre en avant les progrès réalisés plutôt que les insuffisances, elle doit être facteur de cohésion et de dynamisme et non facteur de division. On ne peut à la fois vanter les mérites et la nécessité de la coopération au sein des équipes et attribuer des primes et bonus sur les seuls objectifs individuels ! La compétition entre salariés pourrait bien jouer contre la compétitivité des entreprises.

Lorsque dans les enquêtes on demande aux salariés qui peut être à l'écoute des problèmes qu'ils rencontrent dans leur travail, la majorité d'entre eux répondent en premier : leur supérieur hiérarchique direct, manager de premier niveau. Mais celui-ci n'est pas toujours en capacité d'apporter des réponses. Trop souvent, les cadres reçoivent un seul mot d'ordre de leur hiérarchie : débrouillez-vous ! La dictature de l'urgence est telle que malheureusement beaucoup d'entre eux se retrouvent livrés à eux-mêmes. Leur hiérarchie les considère comme des rouages, auxquels elle demande toujours plus de *reporting* sans leur fournir d'appui professionnel pour animer leurs équipes. Cette question de l'appui professionnel, par la hiérarchie comme par la DRH, aux cadres – notamment de premier niveau – est cruciale. Or, dans beaucoup d'entreprises et d'administrations aujourd'hui, la DRH est fortement centralisée et ne joue aucunement ce rôle.

À tous les niveaux, l'enjeu est de donner à chacun les moyens de bien faire son travail. Pour cela, la relation management-organisation-conditions de travail doit pouvoir « être parlée » dans les différents lieux de travail. Il faut créer des lieux de parole au plus près des salariés, comme l'avaient proposé les lois Auroux. Mais il faut d'abord que les managers prennent le temps de l'écoute, qu'ils puissent libérer du temps pour pratiquer cette « mise à distance » du travail quotidien. Trop souvent hélas, l'organisation mise en place ne leur laisse guère la possibilité de le faire.

Face à cette carence, c'est aux délégués syndicaux et aux représentants élus des salariés de faire pression sur l'entreprise ou l'administration pour que ce dialogue professionnel de proximité puisse être pratiqué, au moyen d'une négociation collective du cadre de ces pratiques managériales. Dans le même esprit et pour faire de la qualité de vie au travail un véritable enjeu, la CFDT préconise que la rémunération des dirigeants et du management ne soit plus seulement fixée par les résultats financiers de l'entreprise mais intègre des critères sociaux négociés, transparents et mesurables.

En somme, il s'agit de définir des modes de gestion qui prennent en compte l'individu et le respect de son autonomie, qui permettent un équilibre entre son engagement dans l'organisation et la possibilité qu'il s'y construise lui-même. Pour promouvoir de telles évolutions, cruciales pour la pérennité et le développement des entreprises ainsi que pour la qualité des services publics et des administrations, réaffirmer le rôle et la responsabilité des cadres est fondamental.

Mais nous avons besoin aussi d'un syndicalisme fort, plus respecté, force de proposition, proche des salariés – y compris des cadres – et soutien de leur activité professionnelle. C'est ce que la CFDT s'efforce de faire.

François CHÉRÈQUE

Présentation de l'Observatoire des cadres

La CFDT Cadres a créé en 1996 l'Observatoire des cadres, une association Loi 1901, pour promouvoir le dialogue entre cadres, enseignants, chercheurs, experts (sociologie, management, économie) et professionnels des RH. Son conseil scientifique oriente le choix des thèmes abordés et veille à la qualité du travail effectué. L'OdC s'adresse autant aux cadres du secteur privé que du secteur public, syndiqués ou non, ainsi qu'aux jeunes diplômés qui sont en général très intéressés par une réflexion sur leur future vie professionnelle. L'OdC a pour vocation d'anticiper sur les questions et les évolutions qui concernent les cadres, les managers et leur travail : activités, fonctions, responsabilités, engagement, identités professionnelles, etc.

L'histoire de l'OdC épouse et révèle l'histoire des cadres eux-mêmes, de leur statut comme de leur travail, entre le milieu des années 1990 et aujourd'hui. Les changements qui ont affecté l'identité, l'emploi et le travail des cadres, l'OdC les a analysés et mis en débat, confrontant les analyses des chercheurs avec le vécu des cadres, militants, adhérents ou sympathisants. Depuis sa création, l'OdC a ainsi organisé une cinquantaine de séminaires et colloques.

Observatoire des cadres :
12, rue des Dunes, 75019 Paris – Tél. : 01 56 41 55 10
http://www.cadrescfdt.fr/observatoire

Remerciements

L'OdC tient à remercier toutes celles et ceux qui, par leurs remarques et suggestions, ont contribué à l'élaboration de cet ouvrage et notamment Xavier Baron, Pierre Boisard, Jean-Paul Bouchet, Monique Boutrand, Soraya Duboc, Olivia Foli, Yves Lasfargue, Pascale Levet, Philippe Lorino, Sophie Pochic et Jean-Charles Willard, ainsi que les intervenants au colloque organisé le 29 mars 2012 pour célébrer son quinzième anniversaire : François Chérèque, Ève Chiapello, Barbara Dalibard, Thierry Pech, Pierre Rosanvallon, Dominique Seux et Michèle Taïeb.

Remerciements

Table des matières

Cet ouvrage a été composé parIGS-CP
à L'Isle-d'Espagnac (16)

Achevé d'imprimer en février 2013 sur rotative numérique Prosper
par l'Imprimerie Sagim à Nanterre (Hauts-de-Seine).
Sagim est une marque de l'imprimerie Soregraph

Dépôt légal : février 2013
N° d'édition : 7381-2903-X
N° d'impression : 13180

Imprimé en France

L'imprimerie Sagim est titulaire de la marque Imprim'vert® depuis 2004